지금 이 순간을 살기 위한
철학자의 말

지금 이 순간을 살기 위한 철학자의 말

히구치 마리 지음 | 오정화 옮김

동양북스

프롤로그 현대인의 고민, 결국 관계에서 시작된다   08

1장

당신의 인간관계가 나아지지 않는 진짜 이유

: 정답이 없는 세상을 향한 철학적 물음

인간관계에 대한 고민은 왜 끝이 없을까?   19

나는 지금 어디에 있는가?   22

좋은 관계를 만들기 위한 시작, 메타인지   25

인생을 망치는 가장 빠른 방법, '실망 예방선'   28

관계를 망치는 말의 패턴   34

인간을 움직이는 감정, 이기심   39

인간관계는 나와 타인의 관계만이 전부가 아니다   43

1. 나 자신과의 관계 2. 다른 사람과의 관계 3. 사회와의 관계

2장

내 인생의 감독은 나

: 새로운 마음가짐은 새로운 인생을 쓴다

인간관계는 나 하기 나름이다   59

마음먹는 순간, 행복이 따라온다   62

가로축 성장과 세로축 성장　66

관계의 질을 높이는 '마음가짐 레벨 지도'　70

마음가짐의 7단계　73

마음가짐 레벨은 스스로 선택할 수 있다　82

나의 마음가짐 레벨 지도　86

3장

나를 사랑하는 것이
모든 관계의 시작이다 – 자기 자신과의 관계
: 흐릿한 나를 선명하게 만드는 자기강화 마인드

최고의 '나'를 만드는 '자기강화'　97

낙담하는 것은 문제가 아니다　99

긍정 에너지와 부정 에너지　103

자기강화에 필요한 두 가지 접근 방식　107

One Point Advice ① 미래의 '나'와 대화하기 ② 아침 스위치를 켜는 습관　128

'행복한 나'에서 모든 관계가 시작된다　134

언제나 나 자신의 응원단장이 되자　138

4장

승자와 패자가 아닌, 함께 빛나고 성장하는 관계 – 다른 사람과의 관계
: 나는 나의 빛으로 내 주변을 밝히는 촛불이다

경쟁하는 관계 VS 함께 성장하는 관계　　143

승패를 벗어난 제삼의 관점　　147

내게 좋은 것이 상대에게 좋은 것일까?　　150

나와 상대방의 사고 패턴 이해하기　　153

마음가짐 레벨로 관계가 결정된다　　157

내가 가진 영향력을 아는 것　　160

상대방의 기분에 휘둘리지 않는 나　　163

감정의 노예에서 벗어나는 기술　　167

좋은 관계를 만들 기회는 얼마든지 있다　　173

일상 속에서 감사하기　　185

정의를 이기는 것은 사랑이다　　191

5장

나를 옭아매는 현실에서 이기는 삶
– 사회와의 관계

: 이상적인 나와 미래를 향한 힘찬 여정

우리를 옭아매고 있는 것의 정체　　　　　203

과거의 저주에서 벗어나기　　　　　205

'有'와 '無'는 동시에 존재할 수 없다　　　　　212

반성이라는 이름의 자책　　　　　215

이상을 현실로 만드는 두 가지 관점　　　　　218

뇌과학이 말하는 자기상실　　　　　221

상대방의 의지를 꺾는 다섯 가지 요소　　　　　225

진정한 드림 킬러는 누구인가?　　　　　234

에필로그 : 세상은 바뀌지 않았다　　　　　237
　　　　　다만, 내가 달라졌을 뿐이다

현대인의 고민,
결국 관계에서 시작된다

여러분은 챗GPT에 고민을 털어놓은 적이 있나요? 실제로 요즘 챗GPT에 고민 상담하는 사람이 많다고 합니다. 현대인에게는 내가 믿고 의지하는 친구가 나를 응원해주지 않는다거나, 직장 상사가 나의 노력을 정당하게 평가해주지 않을 때 털어놓을 곳이 필요합니다. 챗GPT는 언제나 어디서나 내가 원할 때, 그럴듯한 해결책을 내주기 때문이죠. 그는 공감을 원하는 F형 인간과 해결책을 원하는 T형 인간, 어느 쪽이든 맞춰줄 수 있을 것만 같습니다.

이와 동시에, 인간은 언제나 어디서나 고민을 안고 사는 존재입니다. 그렇다면 지금 당신의 가장 큰 고민은 무엇인가요? 당신의 머릿속을 가득 차지하고 있는 고민이 혹시 인간관계에 대한 것은 아닌가요? 당신은 인간관계에 대해 어떤 고민을 안고 있나요? 실제로, 현대인들의 고민 중 90%는 '인간관계'라고 합니다.

그렇다면 완전 반대로, 배우자가 당신이 하고 싶은 일을 지지해 주고, 상사가 당신의 성과를 인정해 주어 예상치 못한 승진으로 이어지게 된다면 나의 삶은 좀 나아질까요?

지금의 인간관계가 최고는 아니지만, 그렇다고 불만이 있는 정도 아니라고 생각하는 분도 있을 겁니다. '뭐, 인생은 원래 그런 거지. 괜한 일로 어색해지고 서먹서먹해질 바에야 이대로 지내는 게 나아'라면서 말이지요. 그런데 만약 그 관계가 서로를 응원하고 진심으로 감사할 수 있는 관계가 된다면, 당신은 삶에 대한 만족도나 성취감이 오르게 될까요?

바라는 행복과 성공은 인간관계가 좌우한다.

그렇다면 인간관계는 우리의 삶에 얼마나 큰 영향을 미칠까요? 하버드 대학교에서 84년 동안 '행복한 삶의 중요 요소'에 대해 2,000명 이상을 추적 조사한 결과, 행복한 삶에 가장 중요한 요소는 '인간관계'였습니다. 또한 카네기 멜런 대학교에서 1만 명의 근로자를 대상으로 실시한 조사 결과에서, 업무 능력으로 성공하는 사람은 전체의 15% 정도에 불과하며 나머지 85% 는 성격적 요인, 특히 다른 사람과 잘 어울릴 수 있는 능력이 출중한 사람이라는 결론이 나왔습니다.

운, 기회, 성공은 모두 하늘에서 뚝 떨어지는 것이 아닙니다. 모든 것은 사람과 사람 사이에서 일어납니다. 그 인간관계의 '질'이 '인생의 질'을 결정한다고 할 수 있지요.

인간관계에
철학적 사고를 더하다

어깨 결림이 심해 정형외과 신세를 졌습니다. 물리치료를 받을 때는 너무 시원해서 다 나았다고 생각했는데, 하룻밤이 지나자 다시 똑같이 어깨가 뻐근한 증상이 나타나며 전혀 나아지지 않았습니다. 어느 날은 다른 물리치료사가 오더니 어깨 결림이 심하다는 말에 머리 마사지를 시작했습니다. 머리가 아니라 어깨가 아프다고 호소해도 머리 마사지를 멈추지 않았지요. 그런데 치료가 끝나자, 신기하게도 어깨 결림이 말끔하게 나았습니다. 그렇습니다. 어깨 결림의 원인은 어깨가 아니라 눈의 피로였습니다. 이 물리치료사는 진짜 원인, 본질을 꿰뚫어 보고 있었던 것입니다. 본질을 모르면 아무리 치료해도 통증은 사라지지 않습니다.

우리의 인간관계도 마찬가지입니다. 본질을 보지 못하면 인간관계의 문제는 해소되지 않을 것입니다. 그 본질에 집중하는 힘을 주는 것이, 바로 '철학적 사고'입니다.

철학은 2500년 동안 세상과 인간의 본질을 탐구해 온 학문으로, 모든 학문의 최상위 개념입니다. '우주는 어떻게 이루어져 있을까?'라는 철학의 물음에 천문학이 답을 찾았고, '인간의 마음은 어떻게 되어 있을까?'라는 철학의 물음에 심리학이 답을 찾고 있습니다. 철학이 질문을 던질 때 여러 학문이 그에 답했고, 그렇게 인간은 진화해 왔습니다. 따라서 철학적 관점으로 인간관계를 바라본다는 것은 기존보다 더 높은 관점에서 인간관계의 본질에 접근하는 것입니다. 철학은 우리가 오랫동안 풀지 못했던 문제의 실마리를 찾게 합니다.

철학적 사고로 접근하면 지금까지의 인간관계 문제는 '해결'이 아닌 '해소'가 됩니다. 그 결과는 비즈니스나 수입, 주변 사람들의 평가와 응원, 마음의 평화 등 곳곳에 나타납니다. 그것이 바로 철학의 힘입니다. 실제로 이 책에서 제안한 방법을 실천한 사람들은 변화를 경험했습니다.

- 저는 이혼 직전까지 갔던 남편과 요즘은 함께 여행을 다니고 있어요. 이전과는 다르게 지금은 행복한 나날을 보내고 있습니다.
- 제 이직의 이유는 나를 인정해 주지 않는 상사 때문이었어요. 하지만 상사와의 관계가 나아지니, 상황도 달라지더군요. 대형 프로젝트에 발탁되어 이례 없는 승진을 하게 되었습니다.
- 얼굴만 보면 싸우던 부모님과의 관계가 달라졌어요.
- 말썽만 부리고 손이 많이 가던 다섯 살짜리 딸이 식사 준비를 도와준다거나 '엄마, 일 열심히 해!'라고 편지를 보내며 응원해 주기 시작했어요.
- 저는 기업의 컨설팅을 맡아 일합니다. 담당하는 기업의 규모가 점점 커지고 있다보니, 일할 맛이 나네요!

인간관계를 만드는 것은 사람입니다. '그렇구나, 나라는 인간이란 이런 존재구나'라는 본질이 명확해지면 지금까지와는 다른 새로운 관계를 맺을 수 있습니다. 만약 당신이 인간관계의 질을 높이고, 지금과는 다른 관계를 맺고 싶다면, 이 책을 읽고 새로운 관점과 새로운 대안을 얻어 갔으면 좋겠습니다.

내가 빛남으로써 주변을 빛나게 하는 인생

저는 인간관계 고민이 누구보다 많은 사람입니다. 어렸을 때부터 낯가림이 심해 대인관계에 서툴렀고, 초등학교 시절에는 따돌림을 당한 적도 있습니다. 친구도 없고, 늘 혼자였지요. 그랬던 제가, 웨딩플래너로서 23년간 1만 쌍의 결혼식을 기획했습니다. 인간의 가장 큰 중대사인 결혼을 가장 가까이에서 지켜보면서, 인간 사이의 감정과 다툼, 관계에 대해 생각하게 되었습니다. 동시에 여러 인간 군상을 겪은 경험이 되기도 했죠.

같이 일하던 동료들은 주로 20~30대였고, 약 30명 정도 되었습니다. 나름 업계 1위를 달린다고는 하지만, 저는 여전히 인간관계에 서툴렀습니다. 나름대로 고민도 하고 노력도 했지만,

그만두는 직원도 많았고 직원들을 위한다고 하는 일들이 왜 역효과를 내는지, 그것이 늘 고민거리였지요. 그러던 중 철학을 만나 본질을 보는 힘을 얻게 되면서 모든 인간관계의 문제가 안개 걷히듯 해소되는 경험을 했습니다. 철학으로 얻은 새로운 관점은 그동안의 문제를 해결했을 뿐만 아니라, 사업 확장에도 큰 영향을 주었습니다.

좋은 의도로 한 일이 역효과가 나서 상대방에게 상처를 주고, 그로 인해 스스로를 탓하며 자신도 상처를 입는 것만큼 안타까운 일은 없습니다. 저처럼 인간관계로 고민하는 사람들을 위해 현명한 거인들의 뛰어난 지혜를 바탕으로 세상과 인간의 본질에 접근하여 삶의 단계를 높이는 방법을 정리한 것이 임파워먼트 라이프Empowerment Life입니다. 저는 이 삶의 방식을 이 책에서 '자기강화'라는 용어로 소개하고자 합니다.

'파워power'에서 알 수 있듯이 이 삶의 방식은 개인의 역량을 드러낼 수 있는 힘이 바탕이 됩니다. 자기강화는 재능을 살리고, 사랑받고, 행복하게 성공하기를 가능하게 합니다. 그리고 당신이 빛남으로써 주변을 빛나게 하는 인생을 만듭니다.

'자기강화'는 나의 가능성에 대한 탐구입니다. 힘을 주고 용기를 북돋아 주며, 이미 당신 안에 있지만 아직 발휘되지 않은 재능과 가능성을 꽃피우고, 더 인간적인 힘을 발휘할 수 있게 합니다. 당신이 성공할수록 주변 사람들도 성공하고, 당신이 행복해질수록 주변 사람들도 행복해지는 관계가 만들어집니다.

이 마법 같은 일을 실현하는 데 도움이 되기를 바라며, 이 책을 전합니다.

자, 새로운 인간관계를 시작해 봅시다!

**"현명한 사람은 그가 찾아낸 기회보다
더 많은 기회를 만든다."**

프랜시스 베이컨Francis Bacon

1장

당신의 인간관계가
나아지지 않는 진짜 이유

: 정답이 없는 세상을 향한 철학적 물음

"이 세상에 진실은 존재하지 않는다.
해석만이 존재할 뿐이다."

프리드리히 니체

인간관계에 대한 고민은 왜 끝이 없을까?

인간관계 노하우를 말하는 사람은 너무나 많습니다. 한창 주가를 달리고 있는 우리의 친구, 챗GPT는 '인간관계에 능숙해지는 다섯 가지 방법'에 다음과 같이 조언합니다.

① **경청하기:** 상대방의 이야기를 주의 깊게 듣고 이해하려는 자세가 매우 중요하다.

② **고마움을 표현하기:** 고마움에 대한 표현은 상대방이 가치를 느낄 수 있도록 적극적으로 진심을 다해 표현한다.

③ **성실하기:** 약속을 잘 지키고 지각하지 않는 등 나의 말과 행동에 책임감을 가져야 한다.

④ **긍정적인 태도를 유지하기:** 밝고 긍정적인 태도는 사람들과의 관계를 좋게 유지하는 데 도움이 한다.

⑤ **유연하게 사고하기:** 자기 생각을 너무 고집하지 말고, 다른 관점을 받아들일 수 있는 유연함이 중요하다.

글로 보니, 할 수 있을 것만 같은 확신이 듭니다. 효과도 있을 것 같습니다. 하지만, 무엇부터 시작해야 할까요? 인간관계에 대한 고민이라고 할지라도, 우리는 각자 다른 상황에 놓여 있습니다.

- 내가 저 사람한테 이렇게 신경을 많이 쓰는데, 오히려 관계가 꼬이기만 하는 느낌?
- 왜 나만 양보해? 왜 나만 맞추는 것 같지?
- 내가 하고 싶은 말을 하지 못하니까, 계속 속에 쌓이기만 해.
- 내 말을 듣지 않는 상사 밑에서는 당연히 내 능력을 발휘할 수 없지.

• 사회에서는 잘 지내는데, 어째서인지 가족(배우자)과
  의 관계는 잘 풀리지 않네.

우리는 이렇게 다양한 인간관계 고민에 놓여 있습니다. 그렇다면, 인간관계에 대한 고민이 끊이지 않는 이유는 무엇일까요? 그것은 '본질에 집중하지 않기' 때문입니다. 본질에 집중하지 않으면 무엇을 하든 원하는 결과를 얻을 수 없습니다.

특히 내일을 예측하기 어려운 요즘 시대에는, 지금까지 잘 해왔던 기존 '방식'으로는 더 이상 대응할 수 없게 되었지요. 예를 들자면, 요즘 같은 시대에 집에 유선 전화기만 있고 스마트폰을 가지고 있지 않다면 어떻게 될까요? 상상조차 할 수 없습니다. 관점도 마찬가지입니다. 고지식한 관점으로는 원하는 결과를 얻을 수 없습니다.

그렇다면 지금, 나는 어디에 집중해야 할까요?

나는 지금
어디에 있는가?

1980년대 일본은 거품경제의 한가운데에 있었고, 많은 사람들이 경제적 풍요로움에 도취되어 있었습니다. 그러나 거품경제가 무너지면서, 많은 기업에서는 구조조정이 이루어졌습니다. 더 이상 평생 직장이라는 말이 사라진 것입니다. 1990년대 초중반에 걸쳐서는 부동산 신화가 무너지고, 경제적으로나 사회심리학적으로 개인의 삶의 방식에 대한 혼란이 깊어지던 시기였습니다.

당시 저는 건축기획 회사에서 임원으로 근무하고 있었는데, 거품의 붕괴로 천국에서 지옥으로 순식간에 떨어지는 경험을 했습니다. 의도치 않게 어떻게든 스스로 해야만 하는 현실을 눈앞에서 직접 보았습니다. 이때 사람들 사이에서 유행처럼 번지기 시작한 것이 바로, 자기실현, 긍정적 사고, 효율적인 업무 기술 등 자기계발 방법이었습니다.

> * 부정적으로 생각하면 잘 될 일도 안 된다.
> * 두려움은 실행할 수 없게 만든다.
> * 잘 풀리지 않는 데는 원인이 있다. 과거로 돌아가 그
>   원인을 해결하자.

하지만 철학을 만나면서 이런 배움에는 한계가 있다는 것을 깨달았습니다. 왜냐하면 그 근본은 개인의 행복을 탐구하는 '실존주의' 철학이며, 이는 철학의 세계에서 새롭게 등장한 '구조주의'에 의해 70년 이상 봉쇄되어 있었기 때문입니다.

1950년대부터 영향력을 키워온 '구조주의' 철학은, '인간의 생각은 그 사람이 살고 있는 사회 구조에 의해 무의식적으로 규정된다'라고 합니다. 다시 말해 인간은 자유롭게 생각하는 것이 아니라, 어떻게든 내가 속한 사회 구조 안에서 생각할 뿐이라는 것입니다.

우리의 사고와 행동을 규정하는 상식은 사회 구조에 의해 만들어집니다. '그렇다면, 구조가 인간을 규정한다'라는 것이 어떤 의미일까요?

저는 1980년대, '지구에서 굶어 죽어가는 아이들을 없애자'
라는 이념을 가진 자원봉사 단체 '헝거 프로젝트_{Hunger Project}'에
서 활동한 적이 있습니다. 뉴욕에 본부를 두고 있는 이 단체의
리더는 70%가 여성들이었습니다. 종종 열리는 파티에서는 남
성이 여성을 에스코트했으며, '레이디퍼스트'가 상식이었습니
다. 하지만 당시 일본은, 아직 가정에서 남자가 밖에 나가 돈을
벌고 여자가 집을 지키는 역할이 일반적이었고, 여자가 많은 사
람 앞에서 무언가를 하면 눈살을 찌푸리던 시대였습니다. 저의
상식이 송두리째 무너지는 순간이었습니다.

좋은 관계를
만들기 위한 시작, 메타인지

메타인지, 한 번쯤은 들어본 개념이죠? 최근 메타인지에 대한 관심이 높아지고 있습니다. 메타인지란 개인의 생각이나 편견, 상식에 얽매이지 않고 자신과 사물을 전체적으로 바라볼 수 있는 힘을 말합니다. 메타인지력이 있으면 사회 구조를 꿰뚫어보고, 감정이나 사건, 상식에 갇히지 않고 객관적으로 사물을 바라볼 수 있습니다. 여기서 생겨나는 사고의 자유로움은 기존의 틀에 얽매이지 않는 발상과 새로운 관점으로 삶의 가치를 제공합니다.

이는 인간관계에서도 마찬가지입니다. 이상적인 인간관계를 맺기 위해서는 기존의 상식과 관계를 벗어나 새로운 관계를 만드는 것이 중요합니다. 니체는 감정과 관계에 흔들리지 않기 위한 유일한 방법은, 바로 나를 솔직하게 바라보는 것이라고 했습니다. 그러기 위해서 우리는, 개인의 내면을 들여다보는 것뿐만 아니라 전체를 내려다보며 '무엇이 우리를 통제하고 있는지'를 객관적으로 바라볼 수 있어야 합니다. 그렇게 할 수 있을 때 생각이 자유로워지고, 이전에는 없었던 인간관계에 대한 접근이 가능해져 새로운 관계를 만들어낼 수 있습니다.

> * 직장에서는 서로의 입장을 이해하고, 존중하면서 함께 일한다.
> * 가정에서는 집안에 웃음이 넘쳐나고, 함께 있으면 행복해지며 활력을 얻는다.
> * 친구와는 힘들 때 언제든지 힘이 되어주고 격려해주며 응원을 아끼지 않는다.

이런 관계에 둘러싸여 있으면 의욕도 생기고 새로운 일에 도전할 수 있을 것 같지 않나요? 지금부터 우리의 생각을 통제하는 대표적인 사례를 살펴봅시다.

"철학이란 개념을 창조하는 것이다."

질 들뢰즈Gilles Deleuze

인생을 망치는 가장 빠른 방법, '실망 예방선'

"아마도 쾌락은, 고통이 우리에게 주는 인상의 절반도 주지 못할 것이다."

제러미 벤담Jeremy Bentham

당신의 기억을 가만히 들여다 봅시다. 유독 실패한 기억이 더 강하게 남아있는 것 같지 않나요? 이것은 실제로 상처받는 것을 피하려는 인간의 본능 때문입니다. 그래서 즐거운 기억보다 힘든 기억이 더 선명하게 남는 것이고요. 실제로 즐거웠던 기억이나 기뻤던 일보다 믿었던 사람에게 배신당하는 등 힘들고 상처받은 경험이 더 강하게 기억에 남아있지 않나요?

잃어버리거나 거절당하고 상처받기를 피하려는 것은 나만의 문제가 아니라 모두의 문제입니다. 쾌락을 추구하고 불쾌함을 피하려는 것이 인간이기 때문입니다. 그래서 많은 사람들이 나중에 실망하기보다 차라리 먼저 실망하여 상처를 받지 않으려고 합니다. 저는 이것을 '실망 예방선'이라고 부릅니다.

저 역시 항상 실망 예방선을 그으며 살았습니다. 어렸을 때부터 인간관계에 굉장히 서툴렀던 저는, 주변 사람들에 대해 '지금은 잘 지내더라도 언젠가는 망가지고 말 거야' '거절당하고 상처받기 싫으니 이대로도 괜찮아'라며 마음을 닫고 살았습니다. 초등학교 4학년 때, 낯가림이 심하고 말주변이 없어 친구가 한 명도 없었던 저는 학교를 마치고 돌아오는 길에 문득 이런 생각이 들었습니다. '아아, 나는 혼자 살아야겠구나' 무려 열 살 때 깨달은 것입니다.

제 첫 직장은 외국계 은행이었습니다. 1979년 당시, 기업에서는 여성이라면 25세 즈음 퇴직하는 것이 암묵적으로 받아들여지고 있었습니다. 회사에서는 당연하게 여성에게 중요한 업무를 맡기지 않았습니다. 결혼하면 여성은 회사를 그만두고 가정으로 들어가는 것이 일반적이었고, 26세가 넘어서도 회사에 남아있는 여성을 '팔리지 않은 크리스마스 케이크'라고 불렀던 시대였지요. 하지만 저는 결혼도 하지 않을 것이니, 25세에 직장을 그만둘 수는 없었습니다. 외국계 회사는 경력을 쌓으면 그만두지 않고 계속 일할 수 있다는 말을 듣고, 평생 혼자 살 각오로 외국계 회사에 취직한 것입니다.

그런데 그랬던 제가 결혼을 하게 되었습니다. 심지어 식장에 들어가는 순간에도, 머릿속에는 '지금은 잘 지내도, 분명 관계는 다시 엉망진창이 될 것'이라는 생각이 있었습니다. '이 결혼은 3년도 못 갈 거야'라고 생각했던 저는, 이런저런 핑계를 대며 혼인신고를 하지 않았습니다. 이미 헤어짐이란 정해져 있는데, 혼인신고를 할 필요는 없다고 생각했습니다. 혼인신고를 하고 또 이혼을 신고하려면, 너무 힘들 것 같았기 때문입니다. 그래도 혼인신고를 하지 않으면 '거봐, 안 될 줄 알았어'라고 하면 되니까. 그때 저는 그렇게 생각하고 있었습니다. 결국 결혼식을 올린 지 7년이 지난 뒤에야 혼인신고를 했습니다. 올해로 결혼 35주년을 맞이하는데, 남편의 인내심에 감사할 따름이지요.

당신에게도 '실망 예방선'이 있나요? 상처받지 않기 위해 먼저 마음을 닫아버리거나, 부탁할 때 상대의 싫은 표정을 보고 싶지 않아 아예 부탁하지 않거나, 실패하는 게 싫어서 처음부터 행동으로 옮기지 않거나, 거절당하면 상처받을 것 같으니 권유하지 않는 것처럼요.

사람들은 대부분 무의식적으로 실망 예방선을 긋고 있습니다. 과거의 저 같은 분들에게 한 가지 제안을 하겠습니다. 그렇게 행동의 폭을 좁히는 대신 '실망해도 괜찮아'라고 말하는 나를 키워보는 것은 어떨까요?

우리의 도전에는 실패가 포함되어 있습니다. '도전'에는 '실패할 가능성'도 들어있습니다. 사람들은 실패를 '예상치 못한 일'이라고 생각합니다. 그렇다면 실패를 '예상 범위 안'에 놓아 봅시다. 그렇게 하면 예상대로 되지 않았을 때, 속상한 기분이 들더라도 냉정하게 받아들일 수 있지 않을까요?

도전하지 않는 사람은 실패도 할 수 없습니다. 니체는 깨진 틈이 있어야만 그 사이로 빛이 들어오고, 그렇기에 균열은 가능성의 출발점이라는 말을 했습니다. 실패한다는 것은 도전하고 있다는 증거이자 훈장입니다. 거절당하면 실망하는 것은 당연합니다. 거절당한 자신도, 실망한 자신도 탓할 필요가 없습니다. 생각만큼의 성과를 얻지 못하거나 일이 잘 풀리지 않았을 때, '도전하고 있는 내가 참 대견해. 다음은 어떻게 할까?'라며 스스로에게 힘을 주고 칭찬하고 격려해 주세요.

당신이 먼저 상대방에게 물어보지 않으면, '예스Yes'인지 '노No'인지 그 대답도 들을 수 없습니다. 당신이 먼저 실망 예방선을 긋고 있으면 언제까지나 상대방과의 거리는 멀어질 수밖에 없지요. 어쩌면 '예스'라는 대답을 들을 기회마저 놓쳐버리는 것입니다.

항상 '더 성공하고 싶다'라고 생각하던 A씨가 있었습니다. 하지만 그가 막상 상사에게 '이번 프로젝트를 맡아보지 않겠느냐'라는 제안을 받았을 때는 자신도 모르게, '아직 무리인 것 같습니다' 하고 계속 거절하게 되었다고 합니다. 그랬던 A씨에게 프레젠테이션의 기회가 찾아왔습니다. 평소라면 그렇게 하지 못했을 테지만, 그는 용기를 낸 것입니다. 자진하여 손을 들고 '그 프레젠테이션, 제가 한번 해 보겠습니다' 하고 말하며 도전했고, 마침내 그는 대성공을 거두고 해외를 거점으로 하는 프로젝트 리더로 발탁되어 마침내 소원이었던 해외 발령을 받게 되었습니다.

A씨는 '프레젠테이션을 거절할 때만 해도 아직 제 능력이 부족하다고 생각했어요. 상사는 제가 할 수 있으리라고 생각해 기회를 주셨지요. 지금 생각해 보면, 실패하면 창피하다고 생각했던 것 같아요. 어설프게 도전해서 실패하느니 차라리 도전하지 않는 게 낫다고, 상처받기를 피하며 실망 예방선을 긋고 있었다는 것을 깨달았어요'라고 말했습니다.

실망 예방선은 불쾌감을 피하려는 본능이기에 무의식적으로 나타납니다. 본인이 스스로에게 한계를 정한다는 사실조차 깨닫지 못할 수도 있습니다. 즉, 자신도 모르게 자기의 삶을 제한하고 있는 것이죠.

인간은 인지하지 못하는 것을 다룰 수 없습니다. 실망 예방선으로부터 자유로워지는 첫 번째 단계는 스스로 '실망 예방선을 긋고 있을지도 모른다'라는 사실을 깨닫는 것입니다. 거기서부터 당신은 새로운 인간관계를 만나게 될 것입니다.

"이 세상에 진실은 존재하지 않는다.
해석만이 존재할 뿐이다."

프리드리히 니체Friedrich Nietzsche

제가 철학을 접하고 제일 처음 받은 충격이 니체의 이 말입니다. 저는 줄곧 세상에 진실이 있다고 생각하며 살아왔고, 그 진실이 무엇인지 알고 싶어서 철학 공부를 시작했기 때문입니다. 그리고 니체의 말이 인간관계가 잘 풀리지 않는 이유라는 것을 깨달았습니다. '이 세상에 진실이 있다!'라는 나와 우리의 착각이, 일어나지 않아도 될 문제를 일으키고 인간관계를 꼬이게 만드는 큰 원인이었던 것입니다.

'어제 상사에게 ○○라는 말을 들었어' '저 사람은 ○○한 면이 있잖아' 등 평소 당연하게 하고 있는 대화가 진실이라고 생각하나요? 하지만 니체는 이것을 진실이 아닌 해석일 뿐이라고 말했습니다. 다른 철학자들도 비슷하게 말합니다.

**"유일한 절대적 진실은,
진실이 존재하지 않는다는 것이다."**
파울 파이어아벤트Paul Feyerabend

"우리 세상은 '부정확'이야말로 '정확'하다."
루트비히 비트겐슈타인Ludwig Wittgenstein

세상에는 정답이 없습니다. 확실히 똑같은 상황을 겪어도 그것을 어떻게 받아들이는지는 사람에 따라 다릅니다. 제가 웨딩 플래너로 일할 때, 신세를 지고 있던 거래처 사장님 따님의 결혼을 맡게 되었습니다. 그를 만나 이야기를 들어보니, '모두가 돌아다니면서 교류할 수 있는 즐거운 결혼식을 하고 싶다. 친구들은 서서 음식을 먹고, 연로하신 가족과 친척들은 앉아서 드시게 하고 싶다'라는, 지금까지 받아본 적 없는 결혼식이었습니다. 그래서 저는 직원 두 명에게 이 고객을 담당해 줄 수 있는지 슬쩍 물어보았습니다. 그러자 A씨는 '와! 재미있어 보이는 고객이네요!'라고 말했고, B씨는 '살짝 귀찮아 보이는 고객이네요, 손이 많이 가겠어요'라고 말했습니다. 똑같은 이야기를 설명하고 전달했는데도 두 사람의 반응은 정반대였던 것이지요. 그렇다면 이 고객은 실제로 '재미있어 보이는 고객'일까요, 아니면 '귀찮아 보이는 고객'일까요? A씨에게는 '재미있어 보이는 고객'이 진실이고, B씨에게는 '귀찮아 보이는 고객'이 진실일 것입니다.

저는 결국 어떤 선택을 했을까요? 저는 이 결혼식을 A씨에게 맡겼습니다. 많은 사람들은 사건이 인생을 결정한다고 생각합니다. 좋은 일이 생기면 인생이 좋아지고, 나쁜 일이 생기면 인생이 나빠진다고 말이죠. 하지만 저는 둘에게 똑같은 이야기를 했고, 제가 일을 맡길지 말지를 결정하는 것은 각각의 해석입니다.

그 이후에도 중요한 고객은 A씨에게 부탁하는 일이 많아졌습니다. 즉, 인생을 결정하는 것은 사건이 아니라, 그 사람의 해석입니다. 나중에 B씨에게 '당신은 귀찮아 보이는 손님이라고 말했지만, A씨는 재미있어 보이는 손님이라고 말했다'라고 말했더니, 굉장히 격하게 반론하더군요. B씨에게 이 고객은 '귀찮아 보이는 고객'이 진실이었기에 자기 생각과 다른 의견은 자신에 대한 부정으로 들렸을 것입니다.

'이 세상에 진실은 있다'라는 마인드는, 자신과 상대방의 의견이 다르다는 말을 한쪽이 옳고 다른 한쪽은 틀렸다로 이해합니다. 서로가 '내가 옳고, 상대방은 틀렸다'라고 생각하면, 상대방을 바로잡으려 하거나 설득하려고 하고, 상대방에 반발하게 됩니다. 서로 내가 옳다고 생각하기 때문에 어느 한쪽도 물러서지 않겠지요. 그것이 대립으로 발전해 더 이상 서로를 이해할 수 없다며 포기해 버리게 됩니다.

어째서 우리는 그저 해석에 불과한 것을 절대적이고 객관적인 진리라고 생각하는 것일까요? 이것도 쾌락을 추구하고 불쾌함을 회피하려는 인간의 본성이라고 할 수 있습니다. 정답을 모르고, 진실이 없는 것은 불안정하고 불편한 상태입니다. '이것이 옳다' '이것이 진실이다'라는 고정점을 얻음으로써 자신은 괜찮다고 생각하며 안정된 상태를 얻을 수 있는 것이지요. 게다가 지금까지의 교육은 '정답이 있고, 그것을 아는 사람이 우수하다'라고 여겨지는 구조 속에서 이루어져 왔습니다. 그렇게 각인된 '이 세상에 진실은 있다. 내가 옳다'는 착각이야말로 인간관계가 틀어지는 이유입니다.

지금까지 진실이라고 생각했던 것은 진실이 아니라 해석일 수도 있다는 조건을 계속 추가해 보세요. 그러면 생각의 틀이 넓어지고 지금까지와는 다른 풍경이 보일지도 모릅니다. 지식에 대한 이해만으로는 변화가 일어나지 않습니다. 실제로 '나는 어떨까?'라며 스스로에게 질문할 때, 지식은 지혜가 됩니다. 더 나아가 '진실은 존재하지 않는다'는 새로운 관점으로 사회를 바라볼 수 있다면, 거기에서 새로운 가능성이 싹트게 됩니다. 많은 문제가 해소될 것이고, 애초에 문제를 만들지 않게 되겠지요. 그렇다면 우리는 도대체 어떻게 해석을 결정하고 있는 것일까요?

"해석의 차이는 삶의 경험에서 비롯된다."

루트비히 비트겐슈타인 Ludwig Wittgenstein

인간을 움직이는 감정,
이기심

"인간의 본성은 이기심이다."

프리드리히 니체Friedrich Nietzsche

**"인간은, 몸도 마음도 자기 쾌락의 충족을
목표로 하는 '욕망 기계'에 불과하다."**

질 들뢰즈Gilles Deleuze

니체의 말처럼 이 세상에 진실은 없고 해석만 존재한다고 한
다면, 그 해석은 누가 결정하는 것일까요? 바로 나 자신입니다.
나의 뇌는 나의 모든 것을 결정합니다. 사람은 오감을 통해 사

건을 받아들이고, 각자의 경험과 체험, 지식의 필터를 통해 어떤 일을 자신의 방식대로 해석하며, 기억으로 뇌에 축적해 나갑니다. 나의 해석만으로 현실을 강화해 나가는데, 그것이 그 사람에게는 진실이 될 수밖에요.

그렇다면 무엇이 우리에게 그런 해석을 선택하게 하는 것일까요? 니체는 인간의 본성은 에고이즘egoism, 즉 이기심이며, 그 이기심의 원천이 되는 에너지가 '힘에 대한 의지'라고 했습니다. '힘에 대한 의지'란 다른 사람보다 우위에 서고 싶고, 다른 사람에게 인정받고 싶은 마음입니다. 다르게 말하면 자존심이나 우월감이라고 할 수 있지요. 나의 해석에 의해 욕망이 충족되기 때문에 그것을 나의 '진실'로 삼는 것입니다. 신기하게도 해석은 자신에게 유리할 때도 있고, 불리할 때도 있습니다.

회의에서 상사에게 더 열심히 하라는 말을 듣고, '열심히 하고 있는데 인정도, 이해도 받지 못하고 있다. 상사는 나를 싫어한다'라고 해석한 사람이 있습니다. 이 해석의 바탕에는 '자신은 옳고, 상사는 틀렸다'라는 생각이 깔려있습니다. 이때 동료가 '그가 너에게 정말 많은 기대를 하고 있어. 저번에도 열심히 한다고 칭찬하셨어'라고 말해도, '그럴 리가? 저번에도 그런 말을 들었거든. 이번에도 그렇고'라고 반박하겠지요. 상사가 응원하고 있다고 해석하면 마음도 편해지고 기회도 많아질 텐데, 왜 마음은 자꾸 부정하려 하는 것일까요?

인간에게 내가 틀렸음을 인정하는 것은 꽤 불편한 일입니다. 그렇게 되지 않으려면 내가 옳다는 증명이 끊임없이 필요합니다. 어떤 인간은 나와 다른 의견을 가진 사람을 말로 굴복시키거나 거부하고 깎아내림으로써 나의 옳음을 증명하려고 합니다. 나의 자존심을 지키기 위해서 말이지요. 인간의 이기심은, 무의식적으로 우리를 통제하고 있습니다. 세상에 나와 똑같이 생각하는 사람이 있을 리 없으니, 주변 사람들과의 관계로 인한 스트레스는 당연하다고 할 수 있겠지요.

'세상에 진실은 없다. 내 의견도 단순한 해석에 불과하다'라고 생각하면, 자신과 의견이 다른 사람이 있어도 '이 사람은 그렇게 해석하는구나' '그럴 수도 있겠네'라며 감정적으로 대처하지 않고 받아들일 수 있습니다. 여기에서 관용이 생겨나지요. 의견의 차이를 옳고 그름이 아닌 '해석의 차이'로 받아들일 수 있다면, 대립이 아닌 관계를 만들 수 있지 않을까요?

사람은 자신과 비슷하게 생각하는 사람과 함께 있을 때 더 즐겁고, 서로를 이해하고 있다고 생각하기 마련입니다. 나와 비슷한 사람들이 모여 있는 환경에서는 편안함을 느낄 수 있겠지요. 하지만 거기에서는 새로운 가능성이 생기지 않습니다. 새로운 가능성은 이질적인 것들이 결합할 때, 즉, 다른 생각을 가진 사람들과의 교류 속에서 탄생하는 경우가 많습니다.

인간은, 무의식적으로 해석을 진실이라고 생각하는 착각에 빠져있습니다. 하지만 그런 나를 탓하고 부정하며 개인의 문제로 치부해 버리면, 문제는 미궁 속으로 빠지고 맙니다. 여기서 중요한 것은 내가 해석한 사실을 알아차리고 스스로를 행복하게 만드는 선택을 하며 그 선택에 책임을 지는 것입니다. 그러기 위해서는 자기 생각만 고집하는 것이 아니라, 전체적으로 내려다보는 태도가 필요합니다. 현명한 거인들의 어깨에 올라타 조금 멀리 떨어진 풍경을 바라보듯 '흐음, 인간이란 그런 존재구나'라며 생각해 봅시다. 그때 자유로운 사고는 생겨날 것입니다. 그렇다고 해석을 바꾸면 된다는 이야기가 아닙니다. 이미 발생한 문제의 해석을 바꾼다고 해도, 문제는 계속해서 발생합니다. 문제를 해결하기 위해서는 그 해석을 만들어내는 본질을 살펴야 합니다.

"세상에서 가장 게으른 사람은 내가 옳다고 믿는 사람이다."

루트비히 비트겐슈타인 Ludwig Wittgenstein

인간관계는 나와 타인의 관계만이 전부가 아니다

"인간관계는 우리의 사회적 존재의 기반이다."

칼 마르크스Karl Marx

① 나 자신과의 관계 "모든 관계의 바탕이다."

② 다른 사람과의 관계 "나의 상태에 큰 영향을 미친다."

③ 사회와의 관계 "비즈니스 성과나 성공을 창출한다."

인간관계에 문제가 생겼을 때, 해결을 위해 고민하고 있다면 집중해 주세요. 상대에게 어떤 말을 건네야 할지, 어떤 행동을 취해야 할지 고민하고 있나요? 안타깝게도 그것만으로는 인간관계의 문제를 해결할 수 없습니다. 왜냐하면 인간관계는, '나와 다른 누군가'와의 관계만이 전부는 아니기 때문입니다.

다른 누군가와의 관계에 몰두하기 전, 해결해야 할 관계가 있습니다. 인간관계는 크게 세 가지로 나눌 수 있습니다. 첫 번째는 '나 자신과의 관계', 두 번째는 '다른 사람과의 관계', 세 번째는 '사회와의 관계'입니다. 세 가지 중 가장 중요한 관계는 무엇이라고 생각하나요? 바로 첫 번째 '나 자신과의 관계'입니다. 자기 자신을 인정하고, 신뢰하고, 자신과 좋은 관계를 유지해야만 다른 사람들과의 관계도 좋아지고 사회에서의 성공도 기대할 수 있습니다. 사회에서 성과를 내면 주변 사람들로부터 인정받고 자신감이 생기며 행복과 가까워집니다.

사실 예전에는, 결과만 만들어내면 바닥을 치던 자신감이 회복되어 사람들과도 잘 지낼 수 있으리라고 생각했습니다. 그래서 필사적으로 결과만을 위해 노력했습니다. 그렇게 일본 최초로 1만 쌍이 넘는 부부의 시작에 새로운 바람을 불러일으키며 인간관계의 전설이라고 불리기까지 했지요.

주위 사람들은 모두 제게 대단하다고 했습니다. 하지만 그 결과들이 저에게 자신감이나 만족감을 주지는 못했습니다. 결과를 내도 늘 불안했으며, 항상 짜증이 가득하고 신경질적이었습니다. 당연히 사람들과의 관계가 좋지 않았고 당시 직원들은 저를 '돌부처'라고 불렀습니다. 스스로의 감정을 억누른 채 항상 굳은 표정으로 입술을 깨물고 있었기 때문입니다.

철학을 공부하고 나서야, 일이 잘 풀리지 않았던 것은 '나 자신과의 관계'를 소홀히 해왔기 때문이라는 사실을 깨달았습니다. 자신과의 관계가 좋지 않은 상태에서는 다른 사람과의 관계도, 사회와의 관계도 원만할 리 만무합니다. 그렇다면 지금부터 세 가지 관계에 대해 구체적으로 살펴보겠습니다.

1. 나 자신과의 관계

나 자신과의 관계는 모든 것의 토대가 됩니다. 이 토대가 잘 다져 있느냐, 잘 다져있지 않느냐에 따라 다른 사람과의 관계, 사회와의 관계의 질이 결정됩니다. '타인은 나를 비추는 거울'이라는 말처럼 자신과의 관계가 다른 사람과의 관계, 사회와의 관계에 반영되기 때문입니다.

심리학의 거장 알프레드 아들러 Alfred Adler 는 '사람이 자기 자신을 대하는 감정은 태도에도 반영된다'라고 했습니다. 즉, 자기 자신에 대해 부정적인 감정을 가진 사람은 타인에 대해서도 비판적이고 부정적인 태도를 취하는 경향이 있다는 것입니다.

막연하게 나의 나쁜 점, 부족한 점을 고치면 언젠가 나아지리라고 생각하는 사람은, 오히려 자꾸만 나의 나쁜 점에만 집중하며 '이건 할 수 없다' '저것도 불가능하다'라고 단점을 지적하기 쉽습니다. 그리고 자기 자신을 습관적으로 지적하는 사람은 자기도 모르게 다른 사람도 쉽게 지적하곤 합니다.

하지만 타인에 대한 지적이나 충고는 상대방에게 상처를 주고 싶어서가 아니라 그를 위하는 마음에서 비롯되었을 것입니다. 그럼에도, 지적이나 부정적인 이야기만 잔뜩 받으면, 그 사람과는 좋은 관계를 맺을 수 없겠지요. 아무리 인간관계를 좋게 만드는 노하우를 구사해도 관계가 좋아지지 않을 것입니다.

만약, 비행 중 비상 상황 발생 시 산소마스크가 내려왔을 때, 엄마와 아이 중 누구에게 먼저 산소마스크를 쓰도록 지시할까요? 아마도 엄마는 아이에게 먼저 씌워주고 싶을 테지만, 산소마스크는 엄마가 먼저 써야 합니다. 아이를 돕고 싶다면 엄마가 먼저 움직일 수 있는 상태가 되어야 하기 때문이지요.

이는 상대방을 소홀히 하라는 말이 아닙니다. 자기 내가 좋은 상태가 되어야 다른 사람에게 도움이 될 수 있다는 뜻입니다. 그렇게 되어야 비로소 주변 사람들과 원만한 관계를 만들 수 있습니다. 따라서 가장 먼저 살펴야 할 관계는? 나 자신과의 관계입니다. 나를 좋은 상태로 만들고 자신과 좋은 관계를 맺는 열쇠가 바로, '자기강화 능력'입니다.

2. 다른 사람과의 관계

다른 사람과의 관계는 나의 상태에 큰 영향을 미칩니다. 자신과의 관계가 좋아지면 다른 사람과의 관계에도 반영되기 때문에 인간관계에도 변화가 일어납니다.

자, 한번 상상해 봅시다. 두 가지 관계가 있다고 생각해 보세요. 하나는 자기강화 인간관계입니다. 자기강화 인간관계란, 서로에게 힘과 용기를 불어넣고 서로를 응원하며 재능을 인정하고 상호 보완하는 관계입니다. 거기에는 상대에 대한 감사와 존경, 기쁨이 있습니다. 다른 하나는 자기상실의 관계입니다. 나의 옳음만 주장하고, 자신과 의견이 다른 상대방을 설득하거나 반박하고, 불평하며 부정하는 관계입니다.

가정이든 직장이든, 둘 중 어떤 관계가 당신의 자신감과 의욕을 높여줄 수 있을까요? 또 당신은 어떤 관계에서 재능을 발휘할 수 있을까요?

편한 관계와 새로운 가능성이 생기는 관계는 다릅니다. 나와 생각이 잘 맞는 사람과 그렇지 않은 사람 중 누가 더 편한지, 그리고 누구와 더 새로운 가능성이 생길 수 있는지를 생각해 봅시다. 당연히 내 맘에 드는 사람만 사귀면 불화도 없고 불쾌감을 느끼지도 않으며 마음 편히 지낼 수 있겠지요. 하지만 거기에

안주한다면, 당신의 세계는 점점 좁아지고, 새로운 가능성은 나오지 않을 것입니다.

오늘날 시대는 다른 가치관을 가진 사람들과 의견을 주고받으며 새로운 가치를 창출할 수 있는 유연한 사람을 요구합니다. 물론 다른 의견을 가진 사람과 대립하면 여기저기서 발생하는 작은 갈등으로 스트레스가 쌓일 확률이 높습니다. 하지만 사람 사이에 다름이 있기에 비로소 가능성이 생기는 것이지요.

나와 생각이 다른 사람과 갈등이 생기는 이유는, 인간은 모두가 자신이 옳다고 생각하기 때문입니다. 하지만 자신과 다른 생각은 그 사람의 해석일 뿐, 자신에 대한 부정이 아니라고 이해한다면 상처받거나 짜증이 날 이유가 없습니다. 반대로 상대방의 생각에 관심을 가지면, 생각의 폭이 넓어지고 전에 없던 아이디어가 떠오를 수도 있습니다.

　인간은 나와 다른 생각을 가진 사람을 곧 나를 부정하는 사람이라고 인식합니다. 그렇게 되면 자기 자신을 지키기 위해 본인의 정당성을 주장하고 상대방보다 우위에 서려고 하기 때문에 자기상실 관계를 형성하게 됩니다. 이때, 의견이 다른 사람, 생각이 다른 사람과의 관계를 살리는 효과적인 방법은 인간의 사고 패턴에 대한 스케치를 그리는 것입니다.

　누구나 자신과 타인이 다르다는 사실은 알고 있습니다. 하지만 어떤 부분이 다른지 알지 못하면 손쓸 도리가 없어 막막하기만 하지요. 그럴 때 사고 패턴의 스케치가 있다면, 의견이 맞지 않을 경우 나와 이 사람은 다르다는 어렴풋한 이해를 뛰어넘어 '어떤 부분이 다른지'를 명확하게 알 수 있습니다. 그래서 저는 인간의 사고 패턴을 이해하기 위한 도구로, 인간의 사고 패턴을 현대 철학의 철학자에 빗대어 열두 가지로 분류한 〈철학자 운세〉를 개발했습니다.

· 철학자 운세 ·

비트겐슈타인 (단기결전형)	콰인 (초긍정행동파)	바르트 (트렌디 자신감형)
→ 인생은 한방! "오늘 불태우고 내일은 내일의 태양이 뜬다" 즉흥력 만렙, 몰입형 천재	→ "위기는 기회다"를 몸으로 증명하는 사람. 무한 긍정 에너지, 추진력 대왕	→ 유행에 민감 옷 잘 입고 말 잘하고… 파티에서 빛나는 그 사람! 센스쟁이 인싸
리오타르 (완벽주의자)	소쉬르 (자유로운 영혼형)	러셀 (성실노력형)
→ '적당히'는 내 사전에 없다! 완벽주의 스타일	→ 꾸밈없이 솔직하고 누구와도 쉽게 어울리는 자유인! 따뜻한 친구 스타일	→ 남 돕는게 행복, 책임감 강하고 믿음직한 모범생. 진지하고 성실함

들뢰즈 (로맨티스트형)	보드리야르 (장인정신형)	푸코 (헌신형)
→ 사교적이고 다정한 낭만파 분위기메이커, 따뜻한 인간	→ 성공만이 답이다! 타협은 절대 NO! 원칙주의 완벽주의자	→ 애정이 많고, 인간관계가 최우선이다! 사람과 연결되는 것을 행복으로 여기는 타입
파이어아벤트 (천재 자유형)	레비스트로스 (비범 독불장군형)	프롬 (사랑깊은 탐구형)
→ 자유를 사랑하고, 직관력으로 돌파하라! 제약 없는 아이디어 뱅크	→ 자기 가치가 우선! 남이 뭐라든 자기 길을 간다. 철저한 독창주의자	→ 순수한 호기심과 인간의 아름다움을 믿는 따뜻한 연구자 휴머니스트

나는 이 중 어떤 철학자에 가까운가요? 혹은 이 해석을 보고 떠오르는 사람이 있나요? 내 주변 사람들이 열두 가지 분류 중 어느 유형에 속하는지를 알면 관계성을 이해하여 객관적으로 바라볼 수 있고, 서로를 보완할 수 있는 큰 힌트가 될 것입니다. 나와 사고 패턴이 다른 사람은, 반대로 나의 부족함을 장점으로 활용할 수 있는 사람입니다. 지금까지는 갈등의 원인으로만 여겼던 서로의 차이를 '이 사람은 내가 하지 못하는 능력이 있다' '나와는 다른 생각을 할 수 있는 사람이다'라고 이해하면, 대립하고 있던 사람이 '나의 부족함을 도와주는 사람'으로 바뀌게 됩니다. 의견이 맞지 않아 피하던 사람이 새로운 가치를 창출하는 파트너가 될지도 모르지요. 이처럼, 자기상실 상태를 자기강화로 바꿀 수 있습니다.

인간은 무의식적일 때 반응하고 감정적으로 생각하며 행동합니다. 새로운 가능성 앞에서는, 내가 어떤 관계를 맺을지 의도적으로 결정해야 합니다. 감정에 휩쓸려서는 좋은 관계를 만들 수 없습니다. '의도적으로 결정하는 사람'은 사건에 반응하는 것이 아니라, 사건을 전체적으로 바라볼 수 있습니다. 이를 가능하게 하는 것이 바로 '철학적 사고'입니다.

철학은 힘이 있습니다. 기존의 고정관념을 깨고 새로운 세계관을 만들어내는 힘, 바로 그것입니다. 사람들이 당연하게 여기며 생각조차 하지 않았던 것들을 의심하고, 우리에게 새로운 관점을 제시해 줍니다. 철학을 만나고, 배우자나 연인과의 관계, 가족과의 관계가 극적으로 변화한 사람들이 있습니다. 그리고 가족이나 연인과의 관계가 호전된 참가자들은 반드시 하던 일의 성과가 배로 늘어나거나 직장에서 승진하기도 하지요. 쓸데없는 에너지를 낭비하는 일이 줄어든다면, 자연스럽게 업무에 집중할 수 있게 되고 업무 성과도 높아집니다. '다른 사람과의 관계' 중에서도 특히 가까운 사람과의 관계의 질은 생각보다 중요합니다.

"삶이란, 타인과의 대화를 통해 배우는 것이다."
소크라테스Socrates

3. 사회와의 관계

나 자신과의 관계, 다른 사람과의 관계가 좋아지면 서서히 사회와의 관계도 좋아집니다. 사회와의 좋은 관계는 비즈니스의 성과로 이어질 것입니다. 운도, 기회도, 성공도 모두 사람과의 관계 속에서 탄생합니다. 사회 안에서 성과를 내기 위해서는 다양한 상황에서 사람들과의 관계가 필요합니다. 아무리 뛰어난 사람이라도 나의 재능만으로 성공하는 사람은 없습니다. 사람들에게 도움이 되고, 가치를 제공하며 원하는 결과를 얻기 위해서는 먼저 나의 재능과 가치를 명확히 하고, 이를 어떻게 활용할 수 있을지 고민하고 시행착오를 반복해야 합니다.

재능과 가치를 살리기 위해서는 자기 관점으로만 보는 것이 아니라 상대방이 느끼는 나의 가치를 객관적으로 인식하고, 그것을 어떻게 활용할 수 있는지를 살펴야 합니다. 내가 무엇을 하고 싶은지뿐만 아니라 사회에 어떻게 기여하고 싶은지, 미래에 무엇을 남기고 싶은지 등 높은 관점을 가지고 있으면 관계의 질이 달라집니다.

삶의 속도를 높이고 성공으로 향하는 큰 기회를 불러들이는 가장 좋은 방법은, 이미 성공한 사람들과 같이 일할 수 있는 존재가 되는 것입니다. 당신의 행복과 성공에 있어 누구와 연결될지, 그리고 그 사람과 어떤 관계를 맺을지가 매우 중요한 포인트입니다.

하지만 자기 자신과의 관계가 좋지 않은 사람 중에서도 비즈니스에서 성공하는 사람이 있는 것도 사실입니다. 자기 자신과의 관계가 좋지 않아도 업무에서 성과를 낼 수는 있습니다. 그러나 자신과의 관계의 중요성을 깨닫지 못한 채 노하우와 지식만 쌓다가 허송세월하는 사람들이 있지요.

제가 그런 사람 중 한 명이었습니다. 웨딩 플래너를 시작했을 때, 기존에 없던 새로운 스타일을 제안한 저는 업계에서 이단아 취급을 받았습니다. 드레스샵에서 고의로 의상을 빌려주지 않는 등의 괴롭힘을 당하는 건 기본이었습니다. 결국 모두에게 인정 받는 결과물을 이루어냈지만. 부정과 분노 속에서 만들어낸 결과는 저를 행복하게 해주지 못했습니다. 공허함만 쌓여갔고 늘 날이 서 있었으며, 웃지도 않고 전혀 행복하지 않았습니다. 그래도 스스로를 채찍질하며 계속 매일매일 노력했습니다. 성과를 도출하는 것뿐이라면 노하우만 잘 활용하면 됩니다. 하지만 행복과 성공을 모두 얻고 싶다면 사람으로서의 '마음가짐'을 높여야 할 필요가 있습니다.

"자기 자신을 새롭게 하면
주변 세상도 달라진다."
루트비히 비트겐슈타인 Ludwig Wittgenstein

90일 밤의 클래식

김태용 저 | 384쪽

하루의 끝에 차분히 듣는
아름다운 고전음악 한 곡

음악 감상을 더 즐겁게 해줄 '감상 팁'과
바로 볼 수 있는 연주 영상 'QR코드'까지
꼼꼼하고 확실한 클래식 감상 가이드북!

▶ 클래식 음악 전문 기획자인 용작가 대표작

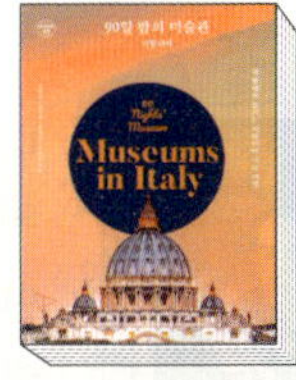

90일 밤의 미술관 _ 시리즈

이용규, 권미예, 명선아, 신기환, 이진희 저 | 416쪽
(루브르 박물관 편) 이혜준, 임현승, 정희태, 최준호 저 | 496쪽
(이탈리아 편) 김덕선, 김성희, 유재선, 이영은 저 | 516쪽

하루 1작품 내 방에서 즐기는 유럽 미술관 투어

90일 밤의 우주

김명진, 김상혁, 노경민, 신지혜, 이우경, 정태현,
정해임, 홍성욱 저 | 498쪽

잠들기 전 짤막하게 읽어보는 천문우주 이야기

"낯설던 것은 낯익게, 낯익던 것은 낯설게,
온 우주가 새로이 다가온다."
_ 천문학자 심채경 추천

▶ 2023 세종도서 교양 부문
▶ 2023 올해의 청소년 교양도서

불안감에 끌려다닐 것인가
안정감으로 돌파할 것인가

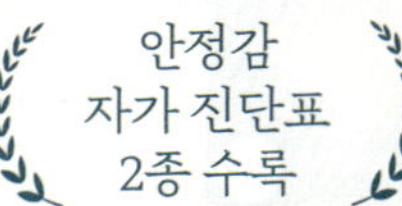

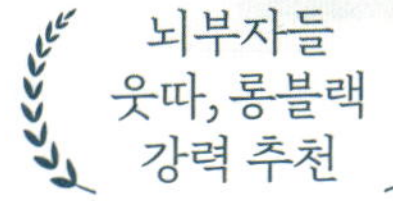

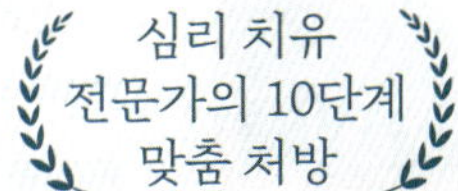

안정감 수업

쑤쉬안후이 저 | 김소희 역 | 296쪽

잘 파는 사람은
AI 시대 빠른 트렌드도 꿰뚫는다

무조건 팔리는 심리 마케팅 기술 100
무조건 팔리는 스토리 마케팅 기술 100
무조건 팔리는 온라인 마케팅 기술 100

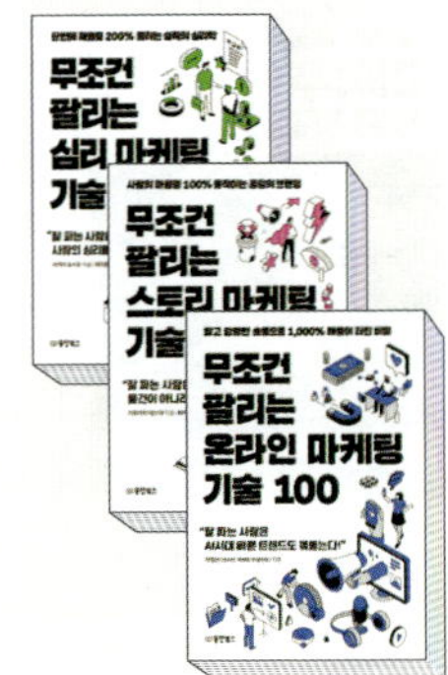

베스트셀러 '무조건 팔리는 마케팅 기술 100'

▷ 마케팅 천재들의 비밀 100가지

잘 파는 사람은 심리를 알고 있다

오치 케이타 저 | 최지현 역 | 272쪽

"잘 팔리는 상품은 철저하게 계산된다!"

팔리는 제품에는 공식이 있다.
이 공식을 알고 있다면,
당신도 최고의 마케터다!

▷ 범죄심리학자가 밝혀낸 지갑이 열리는 원리

무조건 팔리는
카피 단어장(개정증보판)

간다 마사노리, 기누타 준이치 저 | 김윤경 역 | 320쪽

히트 광고에서 추출한 단어 800＋예문 2400

이 책에 나온 카피를 써도 팔리지 않는다면
그것은 평생 팔리지 않는다!

▷ 일본 톱마케터 간다 마사노리의 카피 바이블

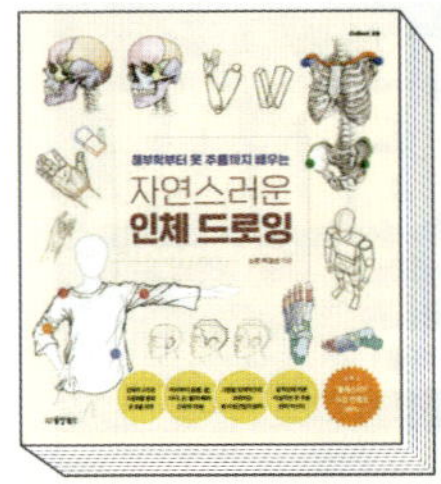

자연스러운
인체 드로잉

소은 박경선 저 | 280쪽

인체를 자유롭게 그릴 수 있도록
안내하는 핵심 강의

인체를 그리기 위해 방대한 정보를
모두 알 필요는 없다.
'인체'와 '해부학' 핵심을 한 권에!

▷ 3년 연속 베스트셀러
▷ 일본, 중국, 대만 수출

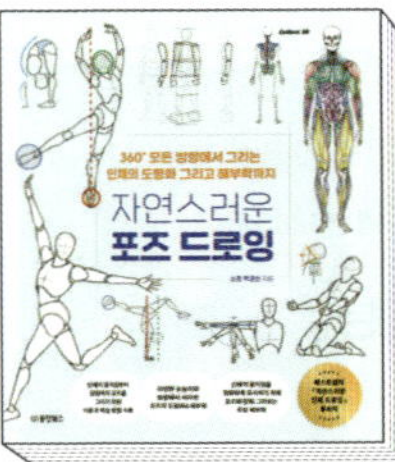

자연스러운
포즈 드로잉

소은 박경선 저 | 432쪽

360° 어떤 각도에서도
인체를 완벽하게 이해하는 포즈 드로잉

360° 모든 방향에서 그리는
인체의 도형화 그리고 해부학까지
그리고 싶은 포즈의 움직임을
이론으로 제대로 담았다.

▷ 베스트셀러 『자연스러운 인체 드로잉』 후속작
▷ 일본, 중국 수출

리니의
펜 드로잉 클래스

리니 저 | 368쪽

펜 드로잉 초심자를 위한 가장 친절한 입[문]

펜 하나로 시작하는 나만의 특별한 취미
소소한 일상과 오래 간직하고픈 여행의
기록하는 펜 드로잉·어반 드로잉의 매력

▷ 클래스101 펜 드로잉 부분
　 5년 연속 베스트 1위 강사의 최신작

2장

내 인생의 감독은 나

: 새로운 마음가짐은 새로운 인생을 쓴다

"행복은 내가 처한 상황을
어떻게 받아들이고 해석하느냐에 따라 결정된다."

아르투어 쇼펜하우어

"나의 미래를 의도적으로 설계하라."

알베르트 슈바이처Albert Schweitzer

인간관계가 잘 풀리지 않을 때, 우리는 문제를 상대방의 탓으로 돌리기 쉽습니다. '상사'가 조금만 더 이해해 주면, '부하 직원'이 조금만 더 의욕적이면, '남편'이 조금만 더 배려해 주면, '아내'가 조금만 더 상냥하면, '아이'가, '아빠'가, '엄마'가……. 전부 상대방의 탓으로 돌리고 있지는 않나요?

자신에게 일어나는 문제를 주변 탓으로 돌리고 불평하고, 한탄하고, 원망할 때, 우리는 피해자로 살아가게 됩니다. 만약 자신에게 어떻게든 할 수 있는 힘이 있다고 생각하면 고민하여 대응할 수 있습니다. '상대방이 달라지면 이렇게 고생하지는 않을 텐데'라는 생각은, 상황을 바꾸기 위한 결정, 이직이나 이혼까지 이어지기도 합니다. 상대방이 변한다면 문제는 해결되어 상황이 잘 진행된다고 생각하면서 말이지요. 하지만 그렇게 해서 정말 해결될까요?

내가 원하는 인간관계를 만들 수 있는 사람은 '인생의 창작자'뿐입니다. 인생의 창작자는 '내 인생은 내가 만든다'라는 책임감을 가진 '나'를 말합니다.

인생의 창작자가 아닌 사람은 일이 잘 풀리지 않는 이유를 '내가 아닌 다른 곳에 있다'라고 단정 짓는 사람입니다. 그리고 '상대방이 이해하지 못하니 어쩔 수 없다' '그 사람 때문에 이렇게 되었다'라는 것이 진실이라고 생각하지요.

사실 이건 일반적이고 당연한 이야기입니다. 인간이란 그런 존재이기에, 그것이 나쁜 것도 아니고 문제가 있는 것도 아닙니다. 그렇지만 우리는 '당연함을 파괴하는' 철학적 사고를 이야기하고 있으니 조금 다르게 생각해 보도록 합시다.

여기에서 니체가 했던 '이 세상에 진실은 없다. 해석만이 존재할 뿐이다'라는 말을 떠올려 봅시다. 해석만이 존재한다면, 우리는 스스로 만든 해석이라는 망상 세계에 살고 있다고 할 수 있습니다. 그런데도 상대방의 탓으로 돌리고 있는 것이지요. 내가 만들어낸 세계인데도 불구하고 말입니다. 이것 역시 인간의 이기심이 그렇게 만드는 것입니다.

인간관계는 상대방이 아니라 자기 하기 나름이며, 자신에게는 문제를 해결할 수 있는 힘이 있고, 원하는 관계를 만들고자 한다면 지금까지와는 다른 관계가 가능해집니다. 지금까지 할 수 없었던 일이 가능해지는 것이지요.

뇌과학에 따르면, 사람의 뇌는 무의식 상태에서 부정적으로 생각하기 쉽다고 합니다. 인간은 무의식중에 '불가능하다' '할 수 없다' '어차피 달라지지 않는다'라는 포기 모드에 쉽게 빠지게 됩니다. 그러므로 삶에 긍정적으로 몰두하기 위해서는 우선 의도적인 노력, 그리고 '인생의 창작자로 살아가겠다'라는 결단이 필요합니다.

**"인생을 바꾸고 싶다면,
일이나 환경이 아니라 태도를 바꿔야 한다."**
루트비히 비트겐슈타인 Ludwig Wittgenstein

마음먹는 순간,
행복이 따라온다

내 인생의 주체로 살아가기 위한 인간의 자질을 결정하는 것은 바로 '마음가짐'의 수준입니다. 최근 '마음가짐'이라는 단어는 여기저기서 많이 쓰이면서, 어쩌면 여러분도 한 번쯤은 들어본 적이 있을지도 모릅니다. '마음가짐'은 그 사람이 세상을 바라보는 방식, 인간성, 행동이나 사고의 기반이 되는 것이라고 할 수 있습니다. 한마디로 말하자면 그 사람의 그릇이라고 할 수 있지요.

'마음가짐'과 대조적으로 사용되는 단어는 '행동 방식'입니다. 원하는 것을 얻기 위하여, 우리는 가장 먼저 '어떻게 하면 할 수 있을까?'라는 행동 방식을 생각합니다. 어떻게 하면 행복해질 수 있을까? 어떻게 하면 결과를 얻을 수 있을까? 어떻게 이야기하면 그 사람이 이해해 줄까? 이런 식으로 많은 사람들은 '어떻게 하면' '어떻게 말하면'을 생각하고, 효과적인 방법을 알고 실천하여 결과를 만들어내면 행복해질 수 있다는 환상을 가지고 있습니다. 예를 들어 지금보다 사업으로 성공하여 돈을 벌면 자신감도 생기고, 지금보다 그릇도 분명 커질 것이라고 말이지요. 하지만 생각해 보세요. 물론 목표를 달성하면 성취감은 얻을 수 있습니다. 그러나 그것만으로는 만족스럽지 않고 어딘가 허전하며 충족감을 얻을 수 없었다거나, 아니면 일시적인 성취감에 어느새 원상태로 돌아가버린 경험을 한 사람도 많을 것입니다. 어째서 그런 일이 일어나는 것일까요?

계속해서 이야기하게 되는 내용이지만, 저는 업계에서 모두가 인정한 능력자였습니다. 실력으로도, 결과로도 증명한 성공이었습니다. 하지만 그 결과는 저에게 자신감도, 성취감도 주지 못했습니다. 당시 저는 저의 성공이 저의 자신감 없는 모습을 지우고, 행복해질 수 있을 것이라고 생각했습니다. 하지만 성과를 내도, 좋은 평가를 받아도 조금도 만족스럽지 않았고, 마음이 편하지도 않으며 '앞으로 내가 원하는 행복은 존재하지 않는 게 아닐까?'라는 이유 모를 불안감이 점점 커져만 갔습니다. 어딘가 이상하다는 것을 알면서도, 이 방식을 놓으면 결과를 내지 못하고 무기력한 겁쟁이가 되지는 않을까 두려워, 브레이크와

액셀을 동시에 밟으며 억지로 스스로를 다그치고 쉼 없이 노력했습니다.

왜 결과를 만들어도 만족스럽지 않았는지, 이제는 그 이유를 알고 있습니다. 그것은 제 마음 속의 '두려움' 때문입니다. 근본적인 두려움을 없애기 위해 열심히 노력했고, 성과를 창출했습니다. 결과를 만들면 두려움이 사라지고 모든 문제 해결의 실마리로 이어진다고 생각하며 최선을 다했습니다. 오히려 두려움은 저의 원동력이었습니다. 그랬기 때문에 사업 확장은, '직원이 그만두면 어떡하지?' '만약 사업이 망해서 실망감을 안겨주면 어떡하지?'라며 더 큰 불안과 두려움으로 저를 몰아세웠던 것입니다.

인생을 결정하는 것은 사건이 아닙니다. 나의 '마음가짐'이 사건에 대한 해석과 감정을 결정합니다. 내가 행복하지 않으면 어떤 성과를 도출해도, 주변에서 아무리 좋은 평가를 해주어도 만족스럽지 않습니다. '두려움'이라는 안경을 쓰면 세상은 두려움으로 나타납니다. '기쁨'이라는 안경을 쓰면 세상은 기쁨으로 나타납니다. 사건에 색깔이 있는 것이 아니라, 나의 '마음가짐'이라는 안경의 색이 세상을 그렇게 보이게 하는 것입니다.

당연히 '삶을 두려워하는' 마음가짐보다 '삶을 즐기는' 마음가짐이 만족감과 행복감이 더 높을 수밖에 없습니다. 만족감과 행복감이 충만하면 의욕이 넘치고 동기부여가 올라가며 여유가 생깁니다. 그 결과, 사람들과의 관계도 원만해지고, 힘든 일도 즐길 수 있으며 더 큰 성과를 만들어 낼 수 있습니다. 행동 방식을 실천하고 결과를 만들어서 행복해지는 것이 아니라, 마음가짐이 행복하면 그에 걸맞은 결과를 낼 수 있습니다. '행동 방식 → 결과 → 행복'이 아니라 '마음가짐 → 행복 → 결과'인 것이지요.

마음가짐은 모든 것의 근원입니다. 마음가짐은 성장시킬 수 있습니다. 마음가짐이 성장하면, 그 마음가짐에 걸맞은 일이 자연스럽게 일어날 것입니다.

"행복은 내가 처한 상황을 어떻게 받아들이고 해석하느냐에 따라 결정된다."

아르투어 쇼펜하우어Arthur Schopenhauer

가로축 성장과
세로축 성장

니체는 말했습니다. '두려움'은 더 나은 것을 찾기 위한 출발점이자 경쟁의 동기라고 말입니다. 내 마음속 두려움을 즐거움으로 바꿀 수 있는 동기부여야말로 자신을 성장시키는 원동력이겠지요. 나의 마음가짐과 함께 요구되는 것은 바로 '성장', 오늘보다 더 나은 나를 만들기 위한 실행입니다.

성장에는 두 가지 유형이 있습니다. 바로 '가로축 성장'과 '세로축 성장'입니다. 가로축 성장은 행동 방식, 지식의 양, 전문성을 의미합니다. 모르는 것을 아는 것으로 바꾸기 위해 지식을 습득하고, 개별적이고 구체적인 기술과 노하우를 습득하여 결과를 만드는 것이 가로축 성장입니다.

그에 비해 세로축 성장은 인간으로서의 마음가짐, 질적 향상을 의미합니다. 높은 관점으로 사물을 전체적으로 바라보는 힘과 추상적 사고력, 메타인지력을 기르는 것입니다. 마음가짐의 성장은 세로축 성장을 통해 이루어집니다. 더 높은 시각으로 사물을 바라봄으로써 본질을 꿰뚫어 볼 수 있게 되고 세상을 바라보는 시각이 달라집니다. 그리고 그를 통해 능력 발휘의 수준이 향상됩니다.

세로축 성장이 능력 발휘의 수준을 높이는 이유는 무엇일까요? 창밖을 건물 1층에서밖에 본 적이 없는 사람과 10층에서 창밖을 보는 사람이 있다고 가정합시다. 1층과 10층에서는 볼 수 있는 범위와 풍경이 전혀 다릅니다. 10층에서 보고 있는 사람이 1층에서 보고 있는 사람보다 상황을 전체적으로 파악할 수 있고, 더 많은 정보를 얻을 수 있으므로 선택의 폭도 넓어지고 더 나은 판단을 할 수 있겠지요.

그렇다면 관점이나 시야의 높이가 인생에 어떤 차이를 만들어낼까요? 예를 들어 전혀 경험이 없는 분야에서도 위기 상황을 훌륭하게 수습하는 사람이 있습니다. 이 사람은 높은 시점에서 추상적 사고를 할 수 있는 사람입니다. 또 같은 창업 클래스에서 똑같은 노하우를 배워도 성과를 만들어내는 사람과 그렇지 못한 사람이 있습니다. 결과를 낼 수 있는 사람은 이미 결과를 만드는 방법을 알고 있는 사람입니다. 아무리 훌륭한 기술과 노하우를 배워도 그것을 활용할 수 있느냐 없느냐는 별개의 문제입니다. 비즈니스에서 성공하고 싶다면, 우선 비즈니스에서 성공할 수 있는 마음가짐을 길러야 합니다.

이때 가로축 성장은 옳지 않고, 세로축 성장이 좋다는 오해는 금물입니다. 가로축 성장과 세로축 성장, 두 가지 모두 중요합니다. 지금까지 우리 사회는 올바른 정답이 있고, 그 정답을 아는 사람이 우수하다거나 다른 사람보다 더 많은 지식을 가진 사람이 위대하다고 평가해 왔습니다. 그래서 우리가 해온 배움은 대부분 가로축 성장을 위한 배움입니다.

안정적인 성장기에는 지금 있는 것을 개선해 나가는 구체적인 수정과 개선이 도움이 됩니다. 하지만 지금처럼 불안정하고 답이 보이지 않는 변혁기에는 본질을 꿰뚫어 보는 추상적 사고가 요구되지요. 메타인지력, 사고력이라는 단어가 유행하는 이유도 이 때문입니다.

지금까지 우리는 '시키는 대로 성실하게 하면 좋은 평가를 받는' 사회 구조 속에 있었기 때문에 세로축 성장은 요구되지 않았습니다. 오히려 지금까지의 방식을 바꾸려고 하면 '괜히 쓸데없는 짓은 하지 말라'라며 비판을 받은 적도 있었을 것입니다. 세로축 성장을 추구하지 않는 사람은 어떻게 하면 세로축 성장을 할 수 있는지 알지 못합니다. 하지만 안심해도 좋습니다. 이 책에서 세로축 성장을 다루고 있으니까요. 세로축 성장을 할 수 있다면 지금까지 배운 지식과 노하우를 모두 활용할 수 있습니다.

세로축 성장을 통해 마음가짐(관점 · 시야)의 레벨을 높이는 것은 인간관계의 질적 향상으로도 이어집니다. 왜냐하면 누구와 관계를 맺을지 결정하는 것이 바로 '마음가짐'이기 때문입니다.

관계의 질을 높이는 '마음가짐 레벨 지도'

그렇다면 어떻게 해야 '마음가짐'의 레벨을 높일 수 있을까요? 하고 싶은 일을 이루기 위해서는 지금 어디에 있는지, 어디로 가고 싶은지, 그를 위한 단계는 무엇인지를 명확히 해야 합니다. 그것을 알지 못하면 의욕이 있어도 행동으로 옮길 수 없습니다. 마음가짐은 추상적이고 파악하기 어렵기 때문에 마음에서 그치기 쉽습니다. 그래서 저는 마음가짐을 시각화한 지도를 작성했습니다.

다음의 '마음가짐 레벨 지도'는 미국의 정신건강의학과 의사 데이비드 호킨스David R. Hawkins 박사의 저서 《의식 혁명Power vs. Force》에서 소개한 '의식 수준'을 바탕으로 만들었습니다. 아래에서 위로 갈수록 마음가짐 레벨이 높아집니다. '3. 자존심'이하의 레벨은 '나'의 기준으로 사물을 바라보기 때문에 나만 좋으면 된다는 생각에 빠지기 쉽습니다. 상대방이 자기 생각과 다르면 공격적으로 되거나 갈등과 비판이 일어나고, 서로 에너지를 빼앗는 자기상실의 세계입니다. '4. 용기' 이상의 레벨은 자신과 타인에게 모두 이로움을 주려고 하며, 자기 능력을 세상을 위해 사용하려고 합니다. 주변에 힘과 에너지를 주고, 서로 보완하는 자기강화의 세계이지요.

레벨	마음가짐	감정·상태	
7	사랑	기쁨, 평온, 자애, 포용성	**자기강화** 세상을 전체적으로 바라본다. • 다른 사람에게도 좋은 사람이 된다. • 나의 능력을 상대와 사회를 위해 사용한다.
6	이성	지성, 합리성, 이해, 추상, 언어화 능력	
5	수용	중립, 의욕, 낙관, 자신감, 신뢰, 허용, 관대	
4	용기	긍정, 탐구심, 실행력, 달성 능력, 인내력, 결단	
3	자존심	우월감, 오만, 분노, 파괴와 창조, 욕망, 갈망, 원한	**자기상실** '나'의 기준으로 사물을 바라본다. • '나'만 좋으면 된다고 생각한다. • 나의 능력을 자기 자신을 위해만 사용한다.
2	두려움	불안, 결핍, 걱정, 공포, 외로움	
1	무가치	의욕·자신감 상실, 비참함, 허무함, 자기혐오, 자기 부정, 열등감	

한 사람이 같은 사건을 경험해도 그 사건에 관한 생각이나 행동이 전혀 다를 수 있습니다. 예를 들어 예상치 못한 문제를 만났을 때 행동이 멈추어버리는 사람이 있는가 하면, 거기부터 새로운 길을 개척하는 사람이 있습니다. 그 차이를 만들어내는 것이 바로 마음가짐 레벨입니다.

마음가짐 레벨은 감정과 사고를 만들어내고 행동을 결정하기 때문에, 그 사람이 사물을 바라보는 방식, 세상을 파악하는 방식, 해석하는 방식이 그대로 나타납니다. 구체적인 예를 들면, 열심히 준비한 회의에서 상사로부터 개선점을 피드백 받았다고 가정해 봅시다. '1. 무가치'의 사람은 '역시 나는 뭘 해도 안 되는구나'라며 피드백을 상사의 지적으로 이해하고 자기 부정을 할지도 모릅니다. '3. 자존심'의 사람은 '상사는 나를 알아주지 않는다. 이해를 받지 못한다'라고 상사를 비난하며 뒤에서 불평을 늘어놓을지도 모릅니다. 반면 '4. 수용'의 사람은 내가 깨닫지 못한 관점을 알려준 상사에게 감사하고, 이를 받아들여 더 좋은 제안을 모색하려고 합니다.

마음가짐 레벨이 어디에 있는지에 따라 세상을 바라보는 시각이 달라지고, 해석하는 방식도 달라지며, 만들어내는 인간관계도 달라지는 것입니다. 그렇다면 나는 지금 어떤 마음가짐인가요?

마음가짐의 7단계

지금부터는 마음가짐의 7단계에 대해 자세하게 설명해 보겠습니다. 마음가짐 레벨은 어느 한 단계에 고정되어 있지 않고 이리저리 움직이지만, 중심이 되는 레벨은 있습니다.

다음에 나올 해설을 읽으면서 나의 인생을 되돌아보고, '힘들었던 그 시절의 나는 어느 레벨이었을까?' '내가 가장 실력을 발휘했던 그때는 어느 레벨이었을까?' '지금 나는 어느 레벨에 있을까?' '어떤 레벨이든 갈 수 있다면 나는 어느 레벨에 있고 싶을까?' 등을 상상해 보면 쉽게 이해할 수 있습니다.

1. 무가치

첫 번째 레벨은 '무가치'입니다. 에너지가 고갈된 연료 부족 상태로, 자신감이 없고 의욕이 솟지 않습니다. 자신에게 무언가 부족하다는 결핍감이 있고, 허무감, 열등감, 죄책감을 느끼며 나를 부정하거나 비난합니다. 삶에 대한 희망이 없고 깊은 슬픔과 절망감, 후회감에 휩싸여 있습니다. 고집이 세고 주변 사람들의 말과 행동을 부정적으로 해석하며 느닷없이 화를 내기도 합니다. 이 레벨의 사람들은 나의 불행과 비참함을 모두 환경과 다른 사람의 탓으로 돌리는 경향이 있습니다.

다음 레벨로 올라가기 위해서는 우선 좋은 에너지를 주입하여, 자기 자신을 연료 부족 상태에서 연료 가득 상태로 만듭시다. '좋아하는 것 늘리기'를 시도하면 다음 레벨로 갈 수 있습니다.

"가장 강력한 희망은 절망으로부터 탄생한다."

버트런드 러셀Bertrand Russell

2. 두려움

‘무가치’보다 한 단계 높은 레벨이 ‘두려움’입니다. 이 레벨에서는 생명력과 에너지가 생겨납니다. 사람이 위험에 대해 공포를 느끼는 것은 당연합니다. 우리들의 세상은 두려움을 기반으로 움직이고 있기 때문입니다.

두려움의 레벨로 살면 ‘시간이 없다’ ‘돈이 없다’ ‘재능이 없다’ 등의 불안과 결핍감, 걱정과 외로움을 느낍니다. 다른 사람의 칭찬에도 솔직하게 받아들이지 못합니다. 사람도, 세상도 위험하고 부정적으로 보이지요. 그래서 더 열심히 해야겠다고 고군분투합니다. 사람들에게 무시당하지 않으려고 권력자나 유명인과 관계를 맺거나 돈에 비정상적으로 집착하는 경우도 있습니다. 다음 레벨로 올라가기 위해서는 무의식적으로 생각하는 ‘없음’에 대한 초점을 의도적으로 ‘있음’으로 전환하여 결핍감을 해소합니다. 그리고나서 ‘좋은 점 세 가지 쓰기’를 시도해 보세요.

**“사람을 불안하게 하는 것은 사건
그 자체가 아니라 사건에 대한 해석이다.”**

에픽테토스Epiktētos

3. 자존심

다음 레벨은 '자존심 pride'입니다. 나를 긍정적으로 바라보고 자긍심이 높으며 편안함을 느끼는 단계입니다. 돈, 명예, 권력을 얻는 것이 삶의 동기이며, 목표를 달성하기 때문에 주위로부터 좋은 평가를 받습니다. 일반적으로 자존심은 긍정적으로 여겨지지만, 다음 레벨로 나아가는 데에 걸림돌이 되기도 합니다. 이 마음은 외부 평가에 영향을 받기 때문에 자기방어적이고 쉽게 상처를 받기 때문입니다. 상처를 받으면 분노와 원한, 복수심이 생깁니다. 분노가 습관화되면 다툼에 휘말리기 쉽습니다. 타인과 나를 구분하고, 다른 의견을 자신에 대한 부정으로 받아들이며 나의 정당성을 인정받으려 하므로 성장을 방해합니다. 다음 레벨로 올라가기 위해서는 에너지를 자신뿐만 아니라 다른 사람을 위해 사용하는 데에 집중해 봅시다. 그다음 단계를 위해 '누군가를 웃게 만들기'를 도전해 볼까요?

"타인과 나를 나누는 마음에서 증오가 생긴다."
루트비히 비트겐슈타인 Ludwig Wittgenstein

4. 용기

　그다음 레벨은 '용기'로, 여기가 하나의 분기점이 됩니다. 용기 이하의 레벨에서는 사물을 자기 기준으로밖에 바라보지 못하지만, 용기 레벨부터는 사물을 전체적으로 바라볼 수 있습니다. 용기가 생기면 인생이 재미있고 도전적이며, 흥미진진하게 보일 것입니다. 성장과 배움에 대한 의욕이 생기고 포기하지 않기 시작하며, 불안과 두려움에 직면해도 그를 극복하고 성장할 수 있는 힘도 갖추게 됩니다. 탐구심이 생기고 실천력, 성취력도 향상되며, 능력을 발휘하고 나의 긍정적인 에너지를 바깥에 펼치고 싶어집니다. 성취가 자존심으로도 이어져, 점점 더 강해지는 나를 발견할 수 있습니다. 다음 레벨로 올라가기 위해서는 인생의 주체로서의 '나'를 키워봅시다. 그리고 '창작의 감사'에 도전해 봅시다.

"용기 없이는 살아갈 수 없다."

루트비히 비트겐슈타인 Ludwig Wittgenstein

5. 수용

　　다음 레벨은 '수용'으로, 피해자에서 창작자, 주체로의 전환이 일어납니다. 선과 악, 옳고 그름 등 사물을 이분법적으로 파악하는 것이 아니라, 중립의 입장에서 객관적으로 바라보는 유연함이 생깁니다.

　　다른 사람과 갈등하지 않으며 '내 인생의 창작자'로 살아가기 때문에 잘 풀리지 않는 일이 있어도 환경이나 다른 사람 탓으로 돌리지 않고, 두려움이나 짜증이 줄어듭니다. 내면의 자신감이 생기고 타인에게 인정받을 필요가 없어집니다. 행복의 요인은 자기 안에 있으며, 사랑은 타인으로부터 받거나 빼앗는 것이 아니라 자기 안에서 창조되는 것임을 깨닫습니다. 다음 레벨로 올라가기 위해서는 자기 자신을 사랑으로 가득 채워 사랑의 순환을 만드는 게 중요합니다. 그다음 단계는 '나를 사랑으로 채우기'를 해볼까요?

"선과 악이라는 두 가지 대립된 가치는,
이 땅에서 수천 년에 걸친 길고도
두려운 싸움을 벌여왔다."

프리드리히 니체Friedrich Nietzsche

6. 이성

　　다음 레벨은 '이성'입니다. 이 레벨에서는 높은 시야를 가지고 있어 복잡하고 미묘한 차이를 이해할 수 있습니다. 언어화 능력도 뛰어나며, 높은 지성을 가지고 있습니다. 다만 안타까운 점은 개념이나 이론에 매몰되어 '나무만 보고 숲은 보지 못하는' 상태가 될 수 있다는 점입니다. 이성은 방대한 데이터를 바탕으로 문제를 해결하고 의사결정을 내리는 능력은 뛰어나지만, 데이터로 측정할 수 없는 부분이나 모순을 해결하는 능력은 부족합니다. 인간관계는 이성만으로는 순조롭게 진행되지 않지요. 다음 레벨로 올라가기 위해서는 자타를 뛰어넘는 대의를 가져야 합니다. 이 책에서는 대의를 갖기 위한 구체적인 설명이나 활동은 없지만, 당신이 인생을 통해 미래에 무엇을 남기고 싶은지, 다음 세대에 어떤 것을 물려주고 싶은지에 대한 고민이 대의를 찾는 힌트가 될 것입니다.

"이성이여, 안녕!"

파울 파이어아벤트 Paul Karl Feyerabend

7. 사랑

　　여기에서 말하는 사랑은 무조건적인 사랑, 자신과 타인을 구분하지 않는 사랑을 의미합니다. 이는 그 근원이 환경에 기반하지 않는 레벨입니다. 이성은 '나무만 보고 숲은 보지 못하는' 측면이 있지만, 사랑은 포괄적이고 문제의 전체상을 즉각적으로 인식할 수 있는 능력이 있습니다. 이성은 세부적인 것을 취급하지만, 사랑은 전체를 다룹니다. 사랑은 당신의 마음에서 발산되고, 다른 사람의 에너지도 끌어올리는 강력한 힘이 있습니다. 또한 자신보다 위대한 존재를 느끼며, 부정적인 것을 공격하기보다 재설정하고 녹여버리는 힘을 가지고 있습니다. 사랑이 커질수록 당신의 내면에서는 무조건적인 기쁨이 솟구칩니다.

**"진정한 사랑은 나의 행복이 아닌
타인의 행복을 추구하는 것이다."**

임마누엘 칸트Immanuel Kant

　지금까지 마음가짐의 7단계에 관해 설명했습니다. 여기에서 한 가지 주의할 점이 있습니다. 이 '마음가짐 레벨 지도'는 더 행복한 삶을 만들기 위한 도구로서 만들어졌습니다. 그러니 이것을 보고 '나는 레벨이 낮아서 안 된다'라며 자책하거나 '나는 저 사람보다 높은 레벨이다'라고 우월감에 빠져 상대를 내려다보는 것은 그야말로 주객이 전도되는 일입니다.

　마음가짐에는 정답도, 우열도 없습니다. 사람은 누구나 이 모든 마음가짐을 가지고 태어납니다. 그때그때 여러 사정으로 '지금 여기에 있을 뿐', 그것이 그 사람 본인은 아닙니다. 또한 어디에 있든 나의 현재를 아는 것이 성장의 첫걸음입니다.

마음가짐 레벨은
스스로 선택할 수 있다

마음가짐은, 우리가 세상을 어떻게 바라보고 어떤 감정과 생각을 불러일으키는지를 결정합니다. 지금까지는 무의식적으로 혹은 환경이나 상황이, 어느 레벨에 있을지를 결정했을지도 모릅니다. 그러나 이 지도가 있으면 지금 어떤 레벨에 있는지 명확히 알 수 있고, 또 어떤 레벨로 갈지를 스스로 선택할 수 있습니다. 그것이 내 마음의 주인이 되는 삶의 시작입니다.

지금 있는 레벨이 만족스럽다면 거기에 머무르면 됩니다. 하지만 만약 '왠지 잘 풀리지 않는다' '더 성장하고 싶다'라고 생각한다면 마음가짐 레벨을 점검해 보세요. 마음가짐이 바뀌면 인간관계가 달라집니다. 인간관계가 달라지면 당신이 만들어내는 성과도 달라질 것입니다.

사람은 결과를 창출하면서 영향력을 가질 수 있고 힘을 지닐 수 있습니다. 하지만 힘을 가졌어도, 마음가짐이 자존심보다 낮은 레벨인 자기상실 세계에 있다면 주위는 적으로 가득할 것입니다. 어떻게 하면 상대방을 이기고 나를 지킬 수 있는지, 그것에 힘을 쏟을 수밖에 없습니다. 설령 성과를 만들어 주위로부터 인정을 받는다고 하더라도 마음이 쉴 틈이 없지요.

사실 저도 웨딩 회사를 운영할 때, 주변에 적밖에 없다고 생각했습니다. 1등의 자리를 지키면서 직원들도 살펴야 하는 '두려움과 자존심'이라는 제 마음가짐이 그런 세상을 만들어내고 있었던 것입니다. 아무리 주의를 기울이고 긍정적으로 밝게 행동해도, 경청하고 열심히 고개를 끄덕이며 맞장구를 쳐도, 감사하는 마음을 가져도, 행동 방식으로 만들어낼 수 있는 변화는 임시방편일 뿐, 저의 불안은 사라지지 않았습니다.

보통은 인간관계가 잘 풀리지 않을 때, 많은 사람들은 다른 사람의 상황이 궁금해집니다. '나만 이러는 걸까?' '다른 사람들은 어떻게 견디는 걸까?' 그리고 노하우를 전하는 책을 읽거나, 감정과 생각을 바꾸고 행동을 바꾸려고 노력합니다. 하지만 노하우를 안다고 해서 따뜻한 인간관계를 만들 수 있는 것은 아닙니다. 그 감정과 생각을 만들어내는 근본적인 '마음가짐'(세상을 바라보는 방식)에 집중해야 노하우도 활용할 수 있습니다. 앞에서도 언급했듯 '행동 방식 → 결과 → 행복'이 아니라, '마음가짐 → 행복 → 결과'이므로 마음가짐은 모든 것의 근원이 됩니다.

먼저 당신의 마음가짐 레벨을 어디에 둘 것인지 결정해 봅시다. 그것이 자신과의 관계를 결정하고, 주변 사람들과의 관계를 결정할 것입니다.

'용기' 이상의 레벨로 세상을 바라볼 수 있다면 주변 사람들과 자기강화 관계를 만들 수 있으며 당신은 나의 능력을 발휘하고, 당신뿐만 아니라 주변도 빛나게 할 수 있습니다. 그리고 성공도, 행복도 손에 넣을 수 있게 됩니다.

여기까지 읽은 여러분은 '마음가짐 레벨을 선택하는' 새로운 선택지를 손에 넣었습니다. 이것은 '어떤 인생을, 어떤 사람으로 살아갈 것인가'에 대한 선택이라고도 할 수 있습니다.

나의 마음가짐 레벨을 스스로 선택할 수 있다면 당신은 어떤 레벨에 있고 싶나요? 또 소중한 사람과 어떤 관계를 맺고 싶은가요? 모든 것은 선택과 결단에서 시작됩니다. 지금부터 설명할 활동들을 통해 당신이 지금까지 어느 레벨에 있었는지, 또 지금은 어느 레벨에 있는지 점검해 봅시다. 그리고 이제부터 어떤 마음가짐 레벨을 당신의 보금자리로 삼을 것인지 선택해 봅시다.

나는 지금 무엇을 보고 있는가?

우선 마음가짐 레벨을 다시 떠올려 봅시다. 이 활동을 통해 마음가짐이 나의 삶에 끼친 영향을 실감할 수 있을 것입니다.

*STEP 1 : 인생 되돌아보기

나의 인생을 되돌아보며 어린 시절, 학창 시절, 사회인 시절, 그리고 현재에 인상 깊었던 사건 다섯 가지를 적어봅시다.

*STEP 2 : 마음가짐 레벨 지도 만들기

각각의 시기마다 내가 어느 레벨에 있었는지 '마음가짐 레벨 지도 – 실전편'에 표시해 봅시다. '대략 이 부근'이라는 느낌으로도 괜찮습니다. 그리고 그때의 상태를 적어봅시다.

✳STEP 3 : 지금까지의 인생을 인정하기

다 작성했다면 마음가짐 지도를 보며 그동안 열심히 살아온 나를 인정해 주세요. 기뻤던 일, 힘들었던 일 등 그 모든 것을 경험하고 지금 여기에 있는 나를 인정하고 수고했다고 칭찬해 봅시다.

✳STEP 4 : 새로운 집으로 이사하기

당신이 정말 머물고 싶은 레벨은 어디인가요? 마음가짐 레벨이라는 토지 중 어디에 당신이 살고 싶은 집을 짓고 싶은가요? 자신감이나 근거에 상관없이 '여기에서 살고 싶어!'라고 생각이 드는 '집 그림'을 그려봅시다.

오늘부터 당신이 선택한 그곳이 당신의 보금자리(마음가짐 레벨)입니다.
모든 **변화는 나의 결단에서 시작합니다.** 새로운 집으로 이사한 당신에게 축하 인사를 전합니다. 이사를 축하합니다!

· 마음가짐 레벨 지도 – 실전편 ·

레벨	마음가짐	
7	사랑	
6	이성	
5	수용	
4	용기	
3	자존심	
2	두려움	
1	무가치	

· 마음가짐 레벨 지도 – 히구치 마리의 사례 ·

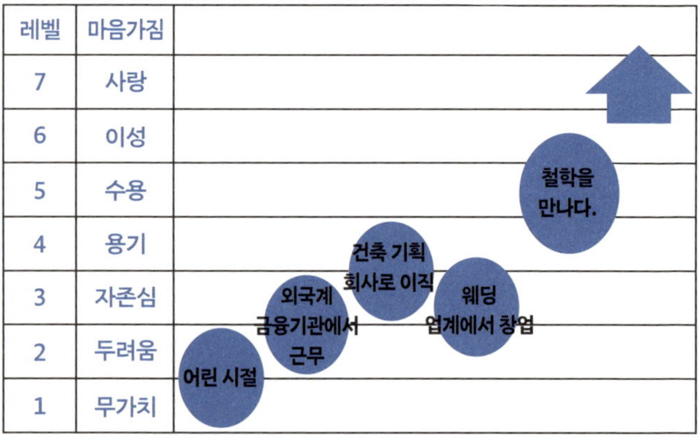

레벨	마음가짐	
7	사랑	
6	이성	
5	수용	철학을 만나다.
4	용기	건축 기획 회사로 이직
3	자존심	외국계 / 웨딩 업계에서 창업
2	두려움	금융기관에서 근무
1	무가치	어린 시절

히구치 마리의 마음가짐 레벨 변천사

① **어린 시절**

(레벨 : 무가치~두려움)

자신감이 없으며 사람들과 어울리지 못하고 늘 두려움 속에 있었다. 내일이 오지 않았으면 좋겠다고 생각했다.

② **외국계 금융기관에서 근무하다.**

(레벨 : 두려움~자존심)

일본 내 여성 딜러가 흔하지 않던 시절, 동경하던 직업인 딜러로 일하는 것에 대한 자부심이 컸다. 동시에 나는 전문학교 졸업생이었는데, 주변에 우수한 MBA 출신자가 많았기에 나의 무능함이 들통나거나 들통날 수도 있다는 두려움에 열심히 일했다.

③ **헤드헌팅으로 건축 기획 회사에 이직하다.**

(레벨 : 자존심~용기)

26세에 전무이사가 되었다. 사장을 보좌하며 일과 봉사활동으로 세계를 누볐다. 내가 하는 일이 세상을 위해 도움이 되고 있다고 실감하며 끊임없이 도전했다.

④ 웨딩 업계에서 창업하다.

(레벨 : 두려움~자존심)

첫해 다섯 쌍으로 시작한 결혼식 기획은 10년 후 500쌍을 넘겼다. 새로운 시대를 만들었다는 자부심도 있었지만, 커플이 많아질수록 부담감과 책임감이 커지며 '언젠가 망하지 않을까?'라는 불안감을 항상 안고 있었다. 인간관계도 잘 풀리지 않아, 잠 못 이루는 밤을 보내기도 했다.

⑤ 철학을 만나다.

(레벨 : 용기~수용~이성)

철학을 만나 전체적으로 바라볼 수 있는 힘을 얻게 되면서 지금까지 성공적이었던 일과 그렇지 않은 일의 이유를 분석할 수 있었고, 모든 과거를 완료하여 힘으로 삼을 수 있었다. 대의를 발견한 이후, 스스로도 놀라울 정도로 관대해지고 흔들리지 않게 되었다.

새로운 집의 보금자리 : 사랑

앞으로 살아야 할 마음가짐 레벨을 선택했다면, 이제 그에 어울리는 나를 키워나가야 합니다. 마음가짐 레벨을 높이는 첫 번째 단계는 모든 관계의 기초가 되는 '나 지신과의 관계' 향상에 집중하는 것입니다.

자신과의 관계를 다시 살피면 인간관계가 바뀌고, 업무에서의 성과가 달라집니다. 지금부터 그 사례를 소개해 보겠습니다.

- **2년마다 10번씩 이직을 반복하던 여성,
최초의 여성 임원으로**

콜센터 관리직에서 오랜 경력도 있는 우수한 그는, 상사나 직원들과의 충돌로 이직을 반복했습니다. 자신과의 관계를 다시 만든, 그의 10번째 직장은 외국계 콜센터의 매니저였는데, 분위기가 좋지 않고 직원들끼리 서로 욕설을 주고받는 곳이었습니다. 하지만 그가 부임하고 한 달이 지나자, 직장 분위기는 180도 달라졌습니다. 직원들이 서로에게 감사를 전하는 밝은 분위기로 바뀐 것입니다. 그 결과, 그는 기대 이상의 실적 향상에 기여하며 대폭적인 연봉 인상과 함께 일본 최초의 여성 임원 후보가 되었습니다.

• 마사지 가게를 운영, 광고 없이 매출 5배 키우기

매출이 부진했던 마사지 가게를 운영하는 남성. 광고 진행을 고민하기도 했지만, 광고를 진행하더라도 고객이 재방문하지 않으면 소용이 없었기에, 그는 우선 선택받는 인격이 되고자 자신과의 관계 변화에 힘썼습니다. 가장 먼저 일어난 변화는 아내와의 관계였는데, 매일 하던 다툼이 사라졌습니다. 그리고 사업에서는 재방문 고객이 늘어, 광고 없이도 매출이 5배로 증가했습니다. 고객에게 재방문 이유를 물었더니 '선생님을 만나면 힘이 나고 뭔가 건강한 일이 생겨요'라는 대답이 돌아왔다고 합니다.

자신과의 관계가 바뀌면 인간관계의 질이 달라지고 삶의 단계가 올라갑니다. 그 시작은 바로 나 자신입니다. 다음 장에서는 최고의 나를 발휘하려면 어떻게 해야 하는지, 그 방법에 대해 이야기해 보겠습니다.

"자기 스스로 삶에 의미를 부여해야 한다."

칼 포퍼Karl Popper

3장

나를 사랑하는 것이
모든 관계의 시작이다
- 자기 자신과의 관계

: 흐릿한 나를 선명하게 만드는 자기강화 마인드

"인간은 나의 행동을 통해 자기 자신을 정의한다."

장 폴 사르트르

최고의 '나'를
만드는 '자기강화'

인간관계의 질을 높이고 행복과 성공을 얻기 위한 모든 관계는 '나 자신과의 관계'를 다시 살펴보는 데 있습니다. 이것이 마음가짐 레벨을 높이는 첫 번째 단계입니다.

이전에도 말했던 것처럼 자신과의 관계가 강화를 향할 때, 우리는 스스로를 응원하고 격려할 수 있습니다. 그러나 자기상실 관계에 있다면 자기 자신을 부정하고 스스로를 재판하여 나의 힘을 빼앗아 버리게 되지요. 예를 들어 새로운 일에 도전하는 경우, 생각처럼 일이 진행되지 않거나 예상치 못한 일이 반드시 발생합니다.

그때 나 자신과 자기강화 관계를 맺고 있는 사람과 자기상실 관계를 맺고 있는 사람 사이에는 엄청난 차이가 발생합니다. 자기강화 관계를 맺고 있는 사람은 잘 풀리지 않는 일이나 예상치 못한 일에도 '재미있어졌네. 다음엔 어떻게 할까?' '괜찮아, 분명 할 수 있을 거야'라고 스스로를 다독이며 앞으로 나아갈 수 있습니다. 하지만 자기상실 관계라면 '왜 항상 못하는 걸까?' '나한테는 무리야'라며 스스로에게 핀잔을 주기 때문에 점점 자신감이 떨어지고 행동할 의욕마저 잃게 될 수 있습니다. 어느 쪽이 나를 활용하고 매력을 발휘하며 자기 자신과 좋은 관계를 맺을 수 있는지, 단번에 알 수 있지 않나요?

모든 인간관계의 질을 높이기 위해서는 우선 자기자신과 자기강화 관계를 만드는 것부터 시작해 봅시다. 자기강화는 스스로에게 힘을 주고 용기를 불어넣는 힘을 말합니다. 이 힘을 기를 수 있다면 자신과의 관계는 단숨에 질이 높아질 것입니다. 가장 먼저 일어나는 변화는 쉽게 낙담하지 않는 것입니다. 그리고 설령 낙담하더라도 다시 일어서는 데 걸리는 시간이 짧아집니다. 자기강화가 익숙해지려면 먼저 나의 상태에 대한 해상도를 높여야 합니다. 흐릿하게만 본다면 효과적으로 몰두할 수 없기 때문입니다.

낙담하는 것은
문제가 아니다

저는 지금까지 다양한 업계의 사람들과 관계를 맺어오는 과정에서 성과를 내는 사람과 그렇지 못한 사람 사이에 분명한 차이가 있다는 사실을 깨달았습니다. 그들의 차이는 예상치 못한 어려움에 부딪혔을 때 그에 대처하는 자세입니다.

일이 뜻대로 풀리지 않을 때는 그 어려움을 극복하기 위해 평소보다 더 많은 힘이 필요합니다. 그런데 결과를 내지 못하는 사람은 환경과 상황을 핑계로 힘을 잃고, 그런 나를 자책하고, 나아가 다른 사람 때문이라며 남을 원망하다가 점점 힘을 잃어갑니다. 결과를 내는 사람은 내가 낙담했을 때 낙담했다는 사실을 인식할 수 있습니다. 그리고 태도를 전환할 수 있습니다.

낙담한 사람의 상태를 상상해 봅시다. 표정에는 웃음기가 사라지고 비관적이며 심각합니다. 어떤 일을 해도 의욕은 샘솟지 않고, 불안감이 커져만 가지요.

사람은 침울한 상태를 싫어하지만, 이런 상태가 삶에 얼마나 큰 영향을 미치는지 깨닫지 못합니다. 비관적인 사람은 무의식적으로 주변에 부정적인 영향을 끼칩니다. 그런 사람과 함께 무언가를 하고 싶은 사람은 아무도 없습니다. 행운도, 기회도 찾아오지 않지요. 그뿐만 아니라 낙담했을 때는 나의 매력과 재능을 발휘할 수 없고, 나를 활용할 수도 없습니다.

매력과 재능이 없으면 몰라도, 가지고 있는 매력과 재능을 살리지 못한다면 시간 낭비일 뿐입니다. 인간이 태어나면서 죽을 때까지의 시간은 생명과 같으므로, 시간 낭비는 곧 생명 낭비라고 할 수 있습니다. 이 시간을 단축할 수 있다면 매력과 재능을 발휘할 수 있는 시간이 많아져 인생이 나아질 것입니다.

예를 들어 낙담에서 회복까지 일주일 걸리는 A씨와 3분 만에 회복하는 B씨가 있다고 합시다. A씨와 B씨가 한 달에 한 번씩 낙담한다고 가정하면, 1년으로 환산했을 때 두 사람이 침울해하는 기간은 얼마나 될까요?

그림에서도 알 수 있듯 A씨는 1년 동안 12주, 즉 약 3개월 동안 우울함을 안고 있어 실력을 발휘하지 못하는 상태가 됩니다. 그에 비해 B씨가 1년 동안 우울해했던 시간은 36분으로 계

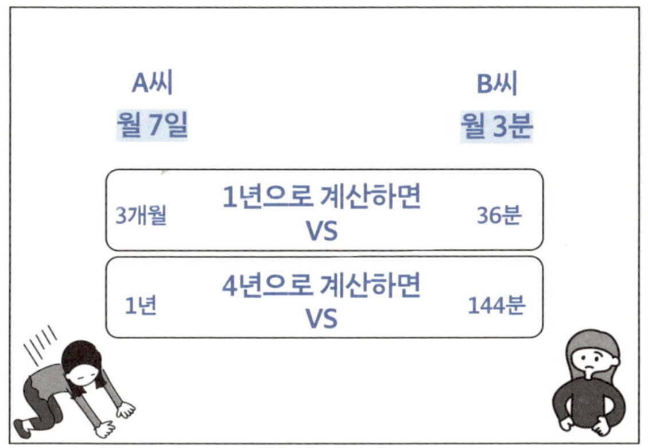

산할 수 있습니다. 4년으로 계산하면 A씨는 4년 중 1년을 낙담한 상태로 있지만, B씨는 단 144분밖에 되지 않지요. A씨와 B씨가 똑같은 재능과 능력이 있는 사람이라면 더 큰 성과를 창출하는 사람은 당연히 B씨가 될 것입니다.

낙담하는 것 자체는 문제가 되지 않습니다. 사람은 누구나 충격적인 일이나 아쉬운 일이 생기면 우울해질 수 있습니다. 인생은 좋을 때도 있고 나쁠 때도 있기에 완벽한 것입니다. 문제는, 낙담했을 때 전환하지 못하고 계속 우울감에 빠져 있는 것입니다.

이 상황을 피하면 안전한 일밖에 할 수 없게 됩니다. 도전을 할 수 없는 것이지요. 설령 침울해지더라도 3분 만에 다시 일어설 수 있다면 낙담하는 것은 전혀 문제가 되지 않습니다.

결과를 만들어내는 사람들도 모든 일이 다 잘 풀리는 것은 아닙니다. 단지 그들은 어려움에 부딪혀도 포기하지 않고 끊임없이 극복해 온 사람들입니다. 그리고 그것을 가능하게 하는 것이 자기강화 능력입니다. 자기자신에게 힘을 실어주는 자기강화 능력이 있다면 어떤 상황에서도 최고의 나를 발휘할 수 있고, 당신의 재능과 매력을 활용해 훌륭한 관계를 만들 수 있습니다.

일이 순조로울 때는 기분이 좋다가도 마음에 들지 않는 일이 생기면 기분이 나빠지거나 어려움에 부딪히면 힘을 잃는 사람들이 있지요? 이런 사람들은 환경이나 결과, 상대에 따라 기분이 들쑥날쑥해 주위의 에너지를 떨어뜨려 악영향을 끼칩니다. 모든 사람에게 자기강화가 익숙해진다면, 언제 어떤 상황에서라도 최고의 퍼포먼스를 발휘할 수 있게 되고 이것은 곧 좋은 인간관계의 시작이 될 것입니다.

긍정 에너지와
부정 에너지

인간의 에너지 상태에는 긍정(+) 에너지와 부정(-) 에너지가 있습니다. 마음가짐 레벨 4 이상에 존재하는 것은 긍정 에너지, 마음가짐 레벨 3 이하에 존재하는 것은 부정 에너지입니다. 이 긍정 에너지와 부정 에너지의 감정과 상태는, 저의 멘토였던 고미나미 나미코씨에게 배웠습니다. 고미나미 씨는 의학박사이자, 오랫동안 인간의 가능성에 관해 연구해 온 분입니다.

긍정 에너지일 때는 기쁨, 안도감, 즐거움, 유쾌함, 희열, 배려, 친절, 따뜻함 등의 감정이 솟아나고, 그때의 상태는 관대함, 자유로움, 자신감, 존경, 희망, 용기, 자비, 평화, 신뢰감, 일체감 등입니다.

부정 에너지일 때는 불안, 걱정, 두려움, 슬픔, 외로움, 원망,

분노, 증오, 공허함, 짜증 등의 감정이 나타나며, 그때의 상태는 공포감, 혐오감, 불안감, 무가치함, 질투, 무자비, 결핍, 불만, 죄책감, 자기 부정, 귀찮음, 초조함, 열등감, 피해의식 등입니다.

긍정 에너지는 성과, 달성 능력, 창의력, 문제 해결 능력, 기억력, 사고력, 결단력, 의사소통 능력 등을 향상시키고, 부정 에너지는 그것들을 저하시킵니다. 즉, 부정 에너지인 상태에서는 의사소통을 배우거나 지식과 노하우를 습득하더라도 그를 제대로 활용할 수 없다는 뜻이지요.

배려심이 있고, 결단력도 있고, 항상 낙천적인 긍정 에너지의 사람과, 매번 짜증을 내며 입만 열면 불평과 불만을 늘어놓는 부정 에너지의 사람이 있다면 누구든 긍정 에너지의 사람과 함께 일하고 싶지 않을까요?

긍정 에너지가 좋다는 것은 누구나 다 아는 사실입니다. 그러나 모든 사람이 긍정 에너지로 재능과 능력을 발휘하고 싶어 하는데도 불구하고 그렇게 하지 못하는 이유가 무엇일까요? 그것은 인간의 본질을 알면 이해할 수 있습니다. 인간은 무의식적으로 부정 에너지가 되기 쉽습니다. 이는 인간의 진화 과정에서 생존과 직결되는 위험을 즉각적으로 감지하고 대처하기 위해 뇌가 부정적인 정보에 민감하게 반응하기 때문입니다. 덕분에 인간은 지금까지 멸망하지 않고 살아남을 수 있었지요.

많은 심리학자에 따르면 인간이 무의식 상태로 있는 비율은, 24시간을 100%로 봤을 때, 95~97%까지 차지한다고 합니다. '무의식'이란, 내가 무엇을 하고 있는지에 대한 인식이 전혀 없는 상태를 말합니다. 95% 이상의 시간을 무의식적으로 보내는 인간이 무의식 상태에서 부정 에너지가 더 쉽게 만들어진다면, '실력을 발휘하지 못한다' '일이 잘 풀리지 않는다'라며 진전 없이 갈등하는 경우가 발생하는 것이 너무나도 당연합니다.

다시 말해 인간이 쉽게 낙담하게 되는 이유는 간단합니다. 우리가 인간이기 때문입니다. 그러므로 자기강화 능력을 익혀, 의도적으로 긍정 에너지와 부정 에너지를 조절할 수 있도록 하는 것이 중요합니다.

여기까지 읽고 어쩌면 '긍정 에너지는 좋고, 부정 에너지는 나쁘다. 부정 에너지가 되어서는 안 된다'라고 생각했을지도 모르지만, 그렇지 않습니다. 인간이라면 긍정 에너지가 될 수도 있고, 부정 에너지가 될 수도 있습니다. 두 가지 모두 존재하기 때문에 완벽한 것입니다. 인간인 이상 부정 에너지가 사라지지는 않습니다. 그런데도 '부정 에너지가 되어서는 안 된다'라고 생각한다면, 이미 지는 경기에 출전하는 것과 같습니다. '긍정 에너지여야만 한다'라고 생각하고 아무리 노력해도, 인간으로 살아가는 한 결국 부정 에너지가 고개를 들 때도 있지요.

'긍정 에너지여야만 한다' '낙관적이어야만 한다'라는 말은 인간인 자신에 대한 위협입니다. 여기에서 집중해야 하는 것은 '부정적'이라고 깨달았을 때 전환하는 방법을 알고 있는 것입니다. 그리고 조금이라도 긍정 에너지의 상태로 있는 시간을 늘리는 것입니다. 그러기 위해서 우리는 의도적이어야 할 필요가 있습니다.

나는 어느 쪽에 있고 싶은가요? 긍정? 부정? 그것은 당신에게 달렸습니다. 당신은 어느 쪽에 있을지 스스로 선택하면 됩니다. 긍정 에너지에 있고 싶다면 전환하고, 부정 에너지로 남고 싶다면 부정 에너지에 있겠다고 선택하면 됩니다. 그것이 전부입니다. 중요한 것은 내가 어느 쪽에 있을지 선택하고, 그 선택에 책임을 지는 것입니다.

**"비관주의는 감정의 산물이고,
낙관주의는 의지의 산물이다."**

알랭 바디우Alain Badiou

자기강화에 필요한
두 가지 접근 방식

자기강화를 위한 두 가지 중 첫 번째는 예방입니다. 이는 변화를 일으키는 본질적인 조치입니다. 두 번째는 대처입니다. 이는 즉각적인 대응 방법입니다. 이 두 가지를 동시에 해야 효과가 나타납니다.

예를 들어 이가 아프다고 가정해 봅시다. 하지만 바빠서 치과에 갈 시간이 없어, 일단 진통제를 먹고 버티려고 합니다. 진통제를 먹으면 통증은 일시적으로 사라지지만, 본질적인 문제인 충치는 치료되지 않습니다. 이러한 일시적인 '조치'를 반복하며 진통제를 계속 먹으면 위가 쓰리는 등 또 다른 문제가 발생할 수 있습니다.

이 경우 '예방'은 단순히 치과에 가서 충치를 치료하는 것이 끝이 아닙니다. 만약 칫솔질 방법이 잘못되었다면 양치하는 방법을 점검받고 새로운 방법으로 이를 닦아야 합니다. 물론 충치를 치료하고도 양치질을 제대로 하지 않으면 다시 충치가 생길 수 있습니다. 예방(본질적인 조치)은 계속해서 새로운 습관을 만드는 것이 중요합니다.

우리의 마음도 마찬가지로, 대처를 하면 일단 우울에서 벗어날 수 있을지도 모릅니다. 하지만 그것은 근본적인 해결책이 아니기 때문에 시간이 지나면 다시 원래 상태로 돌아가고 맙니다. 우울했다가 기분이 좋아졌다가 하는 감정 기복만 반복될 뿐, 마음가짐 레벨이 향상되지는 않습니다.

그에 반해 예방은 시간을 두고 지속적으로 해야 효과를 발휘합니다. 시간이 걸리기 때문에 그사이에 당연히 우울감이 찾아올 수도 있겠지요. 그렇기 때문에 대처와 예방을 병행해야만 우울감을 덜 느끼고 전환도 원활하게 할 수 있습니다. 우선 어떻게 예방이 가능한지, 그 본질적인 조치 방법부터 소개합니다.

1. 예방(변화를 일으키는 본질적인 조치)

이 대응법은 긍정 에너지로 있는 습관을 들이는 것입니다. 그 두 가지 방법을 소개합니다.

*첫째, 좋아하는 것 늘리기

좋아하는 것을 늘리는 방법에는 다음 두 가지가 있습니다.

① 나의 좋은 점 늘리기
② 내 주위의 좋은 점 늘리기

구체적으로 어떤 것인지 살펴봅시다. 우선은 '나의 좋은 점 늘리기'입니다. 여기 유미 씨와 마이코 씨가 있습니다. 유미 씨는 '키가 작다, 자주 깜빡깜빡한다, 목소리가 크다, 눈이 작다, 덜렁거리는 성격이다' 등 내가 싫어하는 부분에만 집중했습니다. 반면 마이코 씨는 '아담해서 귀엽고, 목소리는 크지만, 그것은 거짓말을 하지 않는다는 증거'라며 나의 좋은 점에 주목할 줄 아는 사람입니다. 나를 긍정 에너지에 둘 수 있는 사람은 말할 필요도 없이 마이코 씨겠지요. 그렇다면 여기에서 마이코 씨처럼 되기 위한 한 가지 활동을 해 보도록 합시다.

1분 안에 나의 좋은 점을 최대한 많이 적어보세요. 외모, 스타일, 성격, 취미, 지금까지 해온 일, 무엇이든 상관없습니다.

지금까지의 사회를 돌이켜보면, 일반적으로 나의 부족한 점이나 서툰 부분만 극복하면 이상적인 '나'가 될 수 있다고 생각하는 것 같습니다. 하지만 그것은 착각입니다. 그렇게 생각하는 사람들은 자신의 단점을 찾아 개선하려고 노력합니다. 그러다 보면 나의 부족한 점만 눈에 들어오고, 좋은 점은 보이지 않게 되지요. 또한 나의 좋은 점이나 좋아하는 부분을 찾거나 스스로를 칭찬하면, 주변에서 '저 사람은 너무 우쭐대고 자만해'라며 험담을 들을 수 있다는 두려움이 있을지도 모릅니다.

여기에서 중요한 것은 목적을 틀리지 않는 것입니다. 내가 좋아하는 부분, 나의 좋은 점을 찾는 작업은 오만해지기 위해서 하는 것이 아닙니다. 자기를 스스로 강화할 수 있는 자기강화 관계를 맺고, 한층 더 성장하며 더 나은 인간관계를 만들기 위함입니다.

나를 좋아하지 않고 자기 부정만 하고 있으면, 다른 사람이 칭찬을 해줘도 솔직하게 받아들이지 못하고 감사할 수 없습니다. 사람은 본래 인정받고 싶어 하는 존재입니다. 자기 자신을 인정하면 부정은 사라지고 친절, 배려, 관대함, 인내심이 샘솟기 마련입니다. 처음에는 '저의 좋은 점이 보이지 않아요'라고 생각할 수도 있겠지만, 의도적으로 좋은 점을 찾는 습관이 익숙해지면 쉽게 할 수 있습니다.

다음은 '내 주위의 좋은 점 늘리기'입니다. 다시 한번 앞에 나왔던 유미 씨와 마이코 씨를 예로 들어보겠습니다. 유미 씨는, 상사는 잔소리가 심하고, 부하직원은 몇 번을 말해도 같은 실수를 반복하고, 배우자는 이기적이며 나의 말을 들어주지 않고, 경기도 나쁘고…… 등 주위의 나쁜 점만 이야기합니다. 반면 마이코 씨는, 상사는 잔소리를 해도 나를 생각해서 말해주고, 부하직원은 같은 실수를 반복하지만 매일 웃으면서 꾸준히 노력하고 있고, 배우자와는 개인적인 시간을 존중해 주며, 경기가 나쁘다고는 하지만 아직 포기할 정도는 아니라고 의도적으로 좋은 면에 초점을 맞출 수 있는 사람입니다. 유미 씨와 마이코 씨 중 누가 더 나를 좋은 상태로 유지할 수 있을까요? 당연히 마이코 씨 아닐까요?

어느 영업의 달인에게 '영업을 잘하려면 어떻게 해야 하나요?'라고 물었더니 '먼저 상대방을 좋아해야 한다'라고 대답하더군요. 하지만 모든 사람을 다 좋아하기란 너무나도 어려운 일이지요. 그중에는 도무지 마음에 들지 않는 사람도 있을 것입니다. 하지만 상대방의 모든 것을 좋아할 필요는 없습니다. 억지로 좋아하려고 하면 할수록 괴리가 생길 수 있습니다. 그대신 할 수 있는 일이 한 가지 있습니다. 바로 사물을 구별해서 보는 것입니다.

이 세상에 완벽한 사람은 없습니다. 누구에게나 '대단하다'라고 생각되는 부분과 '이것은 조금 아쉽다'라고 생각되는 부분이 있기 마련이지요. 까다롭고 성가신 상사라고 할지라도 중요한 서류를 제출할 때는 '저 상사는 세세한 부분까지 꼼꼼하게 검토하니 미리 확인해 달라고 하자'라고 생각할 수도 있습니다.

'상대방의 좋은 점을 찾아보자'라고 말할 때 그것은 과연 누구를 위해 상대방의 좋은 점을 찾는 것일까요? 앞서 말한 유미 씨와 마이코 씨의 이야기를 다시 한번 떠올려 봅시다. 상대방의 나쁜 점만 보는 유미 씨와 상대방의 좋은 점을 보는 마이코 씨 가운데, 마이코 씨가 나의 상태를 더 좋게 만들 수 있다고 이야기했습니다. 다시 말해 상대방의 좋은 점 찾기는 자기 자신을 위한 일일 수 있습니다. 이를 '내가 인내심을 갖고 상대방의 좋은 점을 찾아야만 한다'라고 생각한다면 주객이 전도된 것입니다. '왜 내가 참으면서까지 상대방의 좋은 점을 찾아야 하는 거야!'라고 짜증을 내면 점점 더 상대방의 좋은 점은 보이지 않게 되겠지요. 누구에게나 좋은 면과 나쁜 면이 있으므로, 문제는

'당신이 그 사람의 어디에 스포트라이트를 비추는지'가 중요합니다.

영화감독 구로사와 아키라 씨는 '나쁜 점은 누구나 찾을 수 있지만, 좋은 점은 그를 위한 시선을 갈고 닦아야지만 발견할 수 있다'라고 말했습니다. 상대방의 좋은 점과 좋아하는 부분을 찾을 수 있느냐 없느냐는, 상대방의 문제가 아니라 상대방을 바라보는 나의 그릇에 따라 달라집니다. 다른 사람이 알아차리지 못하는 상대방의 좋은 점을 당신이 발견할 수 있었다면 당신이 있는 곳에 상대방의 멋진 면모가 드러난다는 의미입니다. 그건 참 멋진 일 아닌가요?

싫어하는 사람들과 함께 하는 것보다 좋아하는 사람들과 함께 하는 것이 긍정 에너지를 가지고 나의 힘을 발휘할 수 있게 합니다. 그렇다고 까다롭다고 생각했던 사람의 모든 부분을 좋아하지 않아도 괜찮습니다. 어려운 부분은 어려운 부분대로 그대로 두고, '이 부분은 좋구나'라고 구분하면 됩니다.

다시 말하지만, 상대방의 좋은 점과 좋아하는 부분을 찾는다고 생각하면 왠지 재미없다는 생각이 들 수 있습니다. 이것도 목적을 잘못 이해하지 않기를 바랍니다. 상대방의 좋은 점과 좋아하는 부분 찾기는 자기강화를 위해, 다시 말해 자기 자신을 위해서입니다. 그것이 결국 상대를 위한 것이기도 하지요.

"인간은 이성의 생물도 아니고, 본능의
생물도 아니다. 인간은 습관의 생물이다."
윌리엄 제임스William James

2006년 미국 듀크대학교에서 발표한 논문에 따르면, 우리가 매일 하는 행동의 45%는 '즉흥적 결정'이 아닌 '습관'에 의한 것이라고 합니다. 그 말은 좋은 습관이 좋은 삶으로 이어진다는 의미라고 할 수 있지요.

이전에도 말했지만, 인간은 무의식적으로 행동할 때 부정 에너지가 발생합니다. 이 굴레에 빠지지 않기 위해 의도적으로 긍정 에너지 상태에 있는 습관을 길러야 합니다. 가장 쉽고 효과적인 방법은 '하루를 마무리하며 기뻤던 일 세 가지 쓰기'입니다. 이것은 무의식적으로 부정적인 면에 집중하기 쉬운 뇌의 습관을 긍정적인 면에 초점을 맞추는 습관으로 전환하는 작업입니다.

내가 초점을 맞춘 것이 인생에 드러납니다. 기뻤던 일, 행복했던 일, 감사했던 일, 즐거웠던 일, 무엇이든 상관없습니다. 머릿속으로만 떠올리지 말고 글로 써 보세요. 표현하면 뇌는 그것을 사실로 인식합니다. 그리고 글을 쓸 때는 기뻤던 순간을 떠올리면서, 그 기쁨과 즐거움을 음미하며 작성해 보세요.

우리의 뇌는 잠자는 동안 그날 하루의 일을 정리한다고 합니다. '오늘 하루도 즐거웠어'라고 생각하며 잠드는 것과 '오늘도 지루한 하루였어'라고 생각하며 잠드는 것 중 어느 쪽이 더 좋은지는 말할 필요도 없겠지요. 행복한 기분으로 잠들면 아침에 행복한 기분으로 깨어날 수 있습니다. 하루하루가 차곡차곡 쌓이면 언젠가는 큰 차이가 생깁니다.

즐거운 일이 잘 일어나지 않는다고 생각할 수도 있지만, 오늘도 무사히 눈을 떴고, 맛있는 밥을 먹을 수 있었고, 따뜻한 이불 속에서 잠을 잘 수 있었다는, 그런 당연한 일에도 기쁨과 감사함을 느낄 수 있다면 인생은 기쁘고 즐거운 일로 가득 차게 될 것입니다.

오늘 하루 일어난 기쁜 일을 세 가지 찾다 보면 나의 매일을 긍정적으로 의식하게 되고, 이전에는 미처 알아차리지 못했던 것들까지 깨달을 수 있습니다. 이 깨달음이 습관이 되어 당신의 인생을 만들어 나갈 것입니다. 자, 보물찾기를 하는 기분으로 오늘 하루도 기뻤던 일, 즐거웠던 일을 찾아봅시다!

**"인간은 나의 행동을 통해
자기 자신을 정의한다."**

장 폴 사르트르Jean-Paul Sartre

하루의 끝에서 생각했을 때 좋았던 일 세 가지를 기쁨
을 만끽하며 적어 보세요.

우선 이 습관을 3일 동안 계속해 봅시다. 3일을 지속할 수 있었다면 다음에는 일주일 동안 꾸준히 해 봅시다. 21일 동안 지속하면 습관이 된다고 합니다. 저는 이 활동을 몇 년째 계속하고 있는데, 효과가 아주 좋습니다.

좋았던 일 세 가지 쓰기는 다른 책이나 세미나에서도 자주 언급하기 때문에, 어쩌면 이미 해 본 적 있는 사람이 많을지도 모르겠네요. 목적이 바뀌면 성과도 달라집니다. 부디 '긍정 에너지로 있는 습관을 만들기 위해 하는 일'이라고 의식하고, 새로운 마음으로 시작해 보기를 바랍니다.

새로운 습관을 만들 때는 이미 하고 있던 습관과 함께하면 잊어버리지 않고 지속하기 쉽습니다. 예를 들어 밤에 양치한 후 글을 쓴다든지, 목욕하면서 세 가지를 생각하고 목욕을 마친 후 글을 쓰는 식입니다.

만약 이 활동을 깜빡 잊어버려도 괜찮습니다. 작심삼일도 일곱 번 반복하면 21일이 되므로 걱정할 필요 없습니다. 다시 시작하면 됩니다. 잊어버린 나를 탓하면 부정 에너지가 되어 주객이 전도되는 꼴입니다. 목적은, 긍정에 집중하는 습관을 기르는 것이니 나를 응원하면서 꾸준히 해 봅시다.

제가 이끄는 자기강화 프로젝트인 〈임파워먼트 라이프 프로그램〉의 참가자들에게, 매일 잠자기 전 자녀와 함께 '하루 중

좋았던 일 세 가지'를 서로 이야기하도록 했습니다. 처음에는 새로운 일에 어색해했지만 시간이 지나자 아이가 이런저런 이야기를 하게 되었고, 담임선생님도 아이가 적극적으로 변했다고 말씀하셨다고 합니다. 이런 식으로 자녀와 함께 실천해 보는 것도 추천합니다.

이 활동을 계속하다 보면 기쁘고 즐거운 일에 초점을 맞추는 것이 습관이 되어, 몸에 배게 됩니다. 이 활동을 실천한 분들에게서 다음과 같은 이야기도 들을 수 있었습니다.

- 쉽게 낙담하지 않는다.
- 낙담하더라도 바로 회복할 수 있게 되었다.
- 짜증과 불안이 줄어들고 즐거운 시간이 많아졌다.
- 주변 사람들이 친절해졌다.
- 일을 소개받는 경우가 많아졌다.
- 포기하지 않고 행동할 수 있게 되었으며 스스로의 행동력에 놀랐다.

이처럼 다양한 변화를 이끌어내고 있습니다. 여러분도 부디 즐겁게 활동에 몰두해 보았으면 좋겠습니다.

2. 대처(즉각적인 두 가지 대응 방법)

지금부터는 '부정 에너지가 되었다'는 사실을 깨달았을 때 대처하는 두 가지 방법을 소개합니다. 이를 알면 부정 에너지에서 긍정 에너지 상태로 전환할 수 있습니다. 대처는 임시방편이지만, 예방과 함께하면 효과를 발휘할 수 있습니다. 앞서 소개한 활동도 함께 실천해 보기를 바랍니다.

＊첫째, 전환을 위한 행동 정하기

'지금 부정 에너지다!'라고 깨달았을 때, 무엇을 해야 할지 몰랐던 적이 있나요? 이럴 때는 당황하지 않도록 전환을 위한 행동을 미리 목록으로 만들어 둡시다.

우울감에 빠져 힘을 잃었을 때 '어떻게 할까?'라고 생각해도 좋은 아이디어는 쉽게 떠오르지 않습니다. 추천하는 방법은, 낙담했을 때 전환하기 위한 행동을 긍정 에너지 상태일 때 결정해 두는 것입니다.

예를 들면 다음과 같습니다.

- 맛있는 커피를 마신다.
- 부정적인 감정을 씻어낸다는 마음으로 손을 씻거나 샤워를 한다.
- 코미디 프로그램을 시청한다.
- 기운을 북돋아주는 만화나 책을 읽는다.
- 좋아하는 음악을 듣는다.
- 친구에게 메시지를 보내고 응원을 받는다.
- 보기만 해도 웃음이 터지는 웃긴 동영상 목록을 만들어 두고 본다.
- 아로마를 피우고 느긋하게 목욕을 한다.

이처럼 우울할 때 부정 에너지에서 긍정 에너지로 전환하기 위해 할 수 있는 일을 미리 목록으로 만들어 봅시다.

어쩌면 누군가는 우울한 원인을 찾고, 그렇게 된 이유에 대해 고민하는 사람이 있을지도 모릅니다. 하지만 그렇게 한다면 나의 상태는 어떻게 될까요?

점점 더 우울해지고 심각해지지 않을까요? 그렇게 되면 의미가 없습니다. 여기서 포인트는, 부정 에너지가 되었다는 사실을 깨달았을 때 빠르게 전환하는 것입니다. 안타깝게도 심각함은 부정 에너지를 증폭시킵니다. 심각함을 떨쳐버리고 전환할 수 있는 방법을 고민해 보기를 바랍니다.

무엇을 해야 할지 모르겠다면, 다음 사항을 기억해 보세요. 몸의 움직임은 감정과 동기화됩니다. 예를 들어 의자에 앉아 축

늘어진 자세로 '아아, 재미있다'라고 말하면 어떤가요? 분명 즐거운 기분이 들지 않을 것입니다. 다음으로 그 자리에서 천장을 보고 만세를 한 채 폴짝폴짝 뛰면서 '오늘은 최악이었어!'라고 말해 봅시다. 기분이 곤두박질치나요? 오히려 왠지 모르게 웃음이 나고 기분이 좋아지지 않나요? 무엇을 해야 할지 모르겠다면, 일단 몸을 움직이는 것을 추천합니다.

그리고 '장소를 바꾸는' 것도 매우 효과적입니다. 누군가에게 어떤 말을 듣고 화가 났을 때, 그 장소에 그대로 있으면서 기분을 전환하기란 쉽지 않습니다. 일단 그 자리를 벗어나 장소를 옮겨 제자리에서 뛰어보는 것은 어떨까요? 잠시 밖으로 나갈 수 있다면 산책도 효과적입니다. 어깨를 늘어뜨리고 터벅터벅 걷다 보면 감정도 차분해지기 마련입니다. 허리를 펴고 리드미컬하게 걸어 봅시다. 20분만 걸어도 행복 호르몬인 도파민이 분비된다고 합니다. 시계 알람을 20분에 맞춰놓고, 산책하다 알람이 울리면 '아, 도파민 시작이다!'라고 말해 봅시다. 왠지 모르게 힘이 솟아나는 느낌이 들 것입니다. 이런 행동들을 의도적으로 하는 것이 중요합니다. '이 행동은 우울한 기분을 전환하는 스위치'라고 인식하고 실천해 보기를 바랍니다.

*둘째, 긍정적인 자기 대화 마련하기

‘자기 대화self-talk’는, 무의식적으로 이루어지는 나 자신과의 대화를 말합니다. 우리 인간은 무의식적으로 부정 에너지 상태에 빠지기 쉬운 특성이 있다는 것을 고려하면, 무의식적인 대화는 곧 부정적인 대화라고 할 수 있습니다. 우리는 이런 자기 대화를 하루에 4만 번이나 한다고 합니다.

예를 들어 누구나 마음속으로 한 번쯤은 ‘잘되지 않으면 어떡하지?’ ‘이런 말을 하면 싫어할 거야’라고 생각한 적이 있지 않나요? 조금만 일이 어긋나도 ‘또 실패했어’ ‘분명 나를 못난 사람이라고 생각할 거야’라고 중얼거린 적은 없나요? 이 책을 집어 들었을 때도 ‘철학은 어려울 것 같아’ ‘이 책이 도움이 될까?’ 등 여러 가지 자기 대화를 하고 있었을지도 모릅니다.

여기에서 질문을 하나 하겠습니다. 하루에 4만 번 이상 당신에게 말을 거는 사람이 있나요? 아마 없을 것입니다. 다시 말해 당신에게 가장 큰 영향을 미치는 말은, 다른 사람의 말이 아닌 ‘당신의 말’이라는 의미입니다.

주변에서 ‘할 수 있어’라고 말하는데도 당신은 ‘할 수 없다’라고 말하는 것과, 주변에서 ‘불가능하다’라고 말하지만 당신은 ‘무조건 할 수 있다’라고 말하는 것, 둘 중 어느 쪽이 현실로 이루어질 수 있을까요?

당신에게 4만 번 이상 말을 건네는 사람이 없다면, 당신에게 가장 영향력 있는 말은 당신의 말일 것입니다. 부정적인 자기 대화는 부정 에너지를 강화하고, 긍정적인 자기 대화는 긍정 에너지를 강화합니다. 자기 대화는 우리의 현실을, 그리고 미래를 만들어냅니다. 따라서 당신이 긍정 에너지에 머물기로 선택했다면 부디 긍정적인 자기 대화를 하기를 바랍니다. 하지만 우리는 무의식적으로 부정적인 자기 대화를 하는 경향이 있습니다. 그러니 미리 긍정적인 자기 대화를 준비해 두고, 의도적으로 그 말을 사용해야 합니다.

저의 자기 대화는 '이야깃거리가 또 하나 생겼네!'입니다. 실제로 잘 풀리지 않은 일을 제 구독레터 소재로 종종 활용합니다. 전 일본 축구 국가대표인 혼다 케이스케 씨는 '열정은 충분한가', 일본의 코미디언 아카시야 산마 씨는 '살아있는 것만으로도 행운이다'를 자기 대화로 사용하고 있다고 합니다.

나만의 자기 대화를 만들었다면, 그것을 눈에 잘 띄는 곳에 붙여두면 좋습니다. '아, 부정적인 자기 대화를 해버렸네'라는 생각이 들면, 바로 '방금 말은 취소'라고 말하고 내가 준비한 긍정적인 자기 대화를 해 봅시다. 자기 대화를 할 때는 '이 대화를 통해 마이너스를 플러스로 바꿔야지!'라는 마음으로, 스스로에게 응원을 보낸다고 생각하며 활용합시다.

단, 한 가지 주의할 점이 있습니다. 긍정적인 자기 대화는 효과를 발휘할 때와 효과를 발휘하지 못할 때가 있다는 것입니다.

상상하기 → 언어로 표현하기 → 실현하기

이것이 현상이 나타나는 순서인데, 우리 현실 사회에서는 그렇게 간단히 진행되지는 않습니다. 왜냐하면 상상하고 언어로 표현하더라도, 말과 생각이 어긋나면 행동은 일어나지 않기 때문입니다. '해 보자!'라고 표현해도 '어차피 안 될 거야'라고 생각했다면, 당연히 행동으로는 이어지지 않습니다. 그래서 말과 생각의 방향을 맞추는 것이 중요합니다.

예를 들어 '위기는 곧 기회'라는 말이 있습니다. 우울감에 빠졌을 때 용기를 내 스스로에게 '기회다!'라고 말해도, 생각은 바로 그 힘을 따라가지 못하기 때문에 말과 생각의 괴리가 발생하여 더 이상 움직이지 못하게 됩니다. 그러니 나의 상태에 맞추어, 상처받은 친구에게 말을 건네듯 처음에는 '괜찮아, 할 수 있어'라는 느낌으로 상냥하게 '기회가 왔어!'라며 말을 건네봅시다. 그리고 살짝 기운이 난다고 느껴지면, 다음에는 조금 더 힘을 실어 '기회야!'라고 말하는 등 조금씩 말의 강도를 높여 나가기를 바랍니다.

만약 '내가 우울해하고 있구나'라는 생각이 든다면, 당신의 긍정적인 자기 대화를 사용할 기회입니다! 그렇게 생각하면, 좀처럼 진전되지 않던 일도 조금은 설레게 될지도 모릅니다. '해야만 하는 일'이 아니라 '이걸 하면 어떻게 될까?' 하며 게임을 하는 것처럼 실천해 보기를 바랍니다.

One Point Advice ❶

미래의 '나'와 대화하기

"우리는 말 한마디로 세상을 움직이고 있다."

페르디낭 드 소쉬르 Ferdinand de Saussure

지금까지 대처에 관해 이야기했는데요. 평소 내가 하는 말 중에서도 특히 '질문의 수준'이 우리의 에너지를 좌우합니다. 왜냐하면 인간의 뇌는 검색 엔진과 같기 때문이지요.

예를 들어 구글이나 챗GPT에 '우울감이 생기는 이유는 뭐야?'라고 질문하면 '수면 부족' '인간관계에 대한 고민' '경제적 문제' 등 다양한 답변이 쏟아져 나옵니다. 이는 인간의 뇌도 마찬가지입니다.

어려운 상황에서 '왜 안 되는 걸까?'라고 스스로에게 물어보면, '그때 이 행동을 하지 않았으니까' '저 사람이 협조해 주지 않아서' 등 어려움을 겪는 이유가 산더미처럼 쏟아져 나올 것입니다. 이런 상태에서 스스로에게 긍정 에너지를 불어넣기란 쉽지 않겠지요.

반대로 '어떻게 하면 순조롭게 나아갈 수 있을까?'라고 스스로에게 질문하면, '저 사람에게 상담해 보면 어떨까?' '이번에는 이런 식으로 해보면 어때?' 등 일이 잘 풀리는 방향으로 유도하는 방법이 떠오릅니다. '왜'는 과거와의 대화를 가져 옵니다. 만약 다가올 미래를 더 좋게 만들고 싶다면 '어떻게 하면 좋을까?'라며 미래의 나에게 대화를 건네 보세요.

아침 스위치를 켜는 습관

"기분은 생각하기에 따라 바꿀 수 있다."

루트비히 비트겐슈타인 Ludwig Wittgenstein

당신이 긍정 에너지에 있기로 선택했다면 '행동의 기점을 어디로 둘 것인지'를 의식해야 합니다. 행동의 기점은 크게 두 가지로 나눌 수 있습니다.

① 결과·사건 → 에너지 상태 → 행동
② 에너지 상태 → 행동 → 결과·사건

①은 '결과나 사건'이 행동의 기점이 되는 사람들입니다. 기쁜 일이 있으면 기분이 좋아지고 행동이 일어납니다. 어려운 일이 생기면 기분이 침울해지고 의욕이 떨어지며 행동이 일어나지 않습니다. 즉,

행동이 결과와 사건에 따라 달라집니다. 이때 인생의 방향타를 쥐고 있는 것은 결과와 사건이지, 내가 아닙니다. 이 상태는 방향타를 결과·사건에 넘기고 자기 인생으로 살기를 포기한 희생자라고 할 수 있습니다.

②는 '에너지 상태'를 행동의 기점으로 삼을 수 있는 사람들입니다. 이 사람들은 스스로 나의 에너지 상태를 통제할 수 있습니다. 부정 에너지에 있다는 사실을 알아차리면, 의도적으로 긍정 에너지로 전환할 수 있습니다. 긍정 에너지를 선택하면 행동은 자연스럽게 일어납니다. 반대로 부정 에너지를 선택하면 행동이 일어나지 않거나 혹은 행동하기 위해 많은 노력이 필요할 것입니다. 인생을 결정하는 것은 결과나 사건이 아닌, 바로 나의 에너지 상태입니다.

만약 당신이 에너지 상태를 기점으로 하루를 시작했다면, 그를 뒷받침하는 가장 효과적인 방법은 '아침 스위치를 켜는 습관'입니다. 아침을 아무렇게나 시작하는 것이 아니라, '좋았어, 오늘은 긍정 에너지인 나로 살아가는 거야!'라고 다짐하는 것입니다.

예를 들어 급하게 서두르다가 커피를 흘리고 말았다고 상상해 봅시다. 이때 살짝 실수한 것뿐인데도 '오늘 하루는 운이 없다'라며 그날은 불행한 날이라고 단정 지어 버리는 경우가 많지 않나요?

아침 TV에서 본 오늘의 운세가 제일 좋지 않았다는 이유만으로 '오늘은 최악의 하루'라고 생각한 경험도 있을 것입니다. 그래서 매일 아침, 스위치를 켜는 장소가 하루를 어떻게 물들일지에 큰 영향을 미칩니다. 당신은 아침에 어디에서 스위치를 켜나요?

새로운 습관 만들기는, 좋은 점 세 가지 쓰기 활동에서 말씀드린 것처럼 평소에 하고 있는 일과 연결시켜 시행하는 것이 비결입니다. 저의 경우에는, 매일 아침 위패를 향해 축문을 올리는데 그때 '스위치를 켜고' 있습니다. 제 수강생 중에는, 매일 아침에 샤워하는 습관이 있어 샤워하고 나오면서 '스위치를 켜는' 분도 있습니다. 그 밖에도 아침에 일어나 침대에서 발을 내리며 일어날 때, 양치를 할 때, 세수 후 거울을 보고 미소 지을 때 등 사람마다 스위치를 켜는 순간은 모두 다릅니다. 여러분도 꼭 한 번 '스위치를 켜는' 의식을 실천해 보기를 바랍니다.

이때 한 가지 주의 사항이 있습니다.

'좋았어! 내일부터 아침 스위치를 켜는 거야!' '긍정적으로 행동하는 습관을 만들어야지!'라고 결심했다고 해서 항상 긍정 에너지로 있어야만 하는 것은 아닙니다. '해야만 한다'는 말은 자기 자신에 대한 협박이며, 부정 에너지를 불러일으킵니다. 중요한 것은, 나의 에너지 상태를 알아차렸을 때 '플러스로 있을 것인가?' '마이너스로 있을 것인가?'를 선택하는 것뿐입니다. 때로는 '오늘은 너무 피곤하니까 건너뛰어야겠다'라며 부정 에너지를 선택해도 문제가 되지 않습니다. '해야만 한다'라는 의무감이 아닌, '어느 쪽이든 괜찮다'라는 관용을 가지기를 바랍니다. 그리고 내가 내린 선택에 책임을 져야 합니다.

'해야만 한다'가 사라지면, 나 자신과의 관계뿐만 아니라 다른 사람과의 관계, 사회와의 관계에도 큰 영향을 끼칩니다. 우리는 상대방, 환경, 상황에 따라 달라지는 삶이 아닌, 내가 진정으로 원하는 관계를 만들 수 있습니다. 앞에서도 말씀드린 것처럼, 모든 관계의 바탕에는 자신과의 관계가 있습니다. 나의 에너지를 선택하여 인생의 주도권을 잡아봅시다!

"세상에는 당신만이 걸을 수 있는 유일한 길이 있다."

프리드리히 니체 Friedrich Nietzsche

'행복한 나'에서
모든 관계가 시작된다

**"성공은 행복의 열쇠가 아닙니다.
행복이 성공의 열쇠입니다."**
알베르트 슈바이처Albert Schweitzer

지금부터 나 자신과의 관계의 질을 향상하기 위해 가장 중요한 이야기를 하려고 합니다. 여기에서는 당신이 무엇에 스포트라이트를 비추고 있는지에 대한 이야기를 나누고 싶습니다. 아무리 긍정 에너지로 있는 습관을 만들려고 해도, 이것이 되지 않으면 어렵습니다.

세상에는 두 가지 유형의 사람이 있습니다. 바로 '그냥 사는 사람'과 '의도적으로 사는 사람'입니다.

'그냥 사는 사람'은 '무의식적으로 사는 사람'이라고도 표현할 수 있습니다. 무의식적으로 사는 사람은 부정 에너지가 생기기 쉽기 때문에 분명 지금에 대한 불만이 많을 것입니다. 그리고 '그 일이 있었기 때문에' '그때 이렇게 했더라면' '이런 집에서 태어나지 않았더라면' '사회가 조금 더 달라졌더라면' 등 과거에도 후회와 원망, 분노를 느끼기 쉽습니다. 현재에 불만을 가지고, 과거에도 후회와 원망, 분노를 느끼는 사람의 미래는 분명 앞으로의 일에 대한 불안으로 가득할 것입니다.

그렇다면 '의도적으로 사는 사람'은 어떨까요? 이 유형의 사람은 나의 선택으로 긍정적인 면과 부정적인 면에 모두 초점을 맞출 수 있습니다. 그때 비로소 지금의 행복을 찾을 수 있습니다. 지금 행복을 느끼는 사람은 과거의 성공은 자신감이 되고, 과거의 실패는 배움이 되어 '그 덕분에 지금의 내가 있다'라고 감사할 수 있을 것입니다. 그렇게 되면 우리는, 미래에 대한 희망을 발견할 수 있습니다.

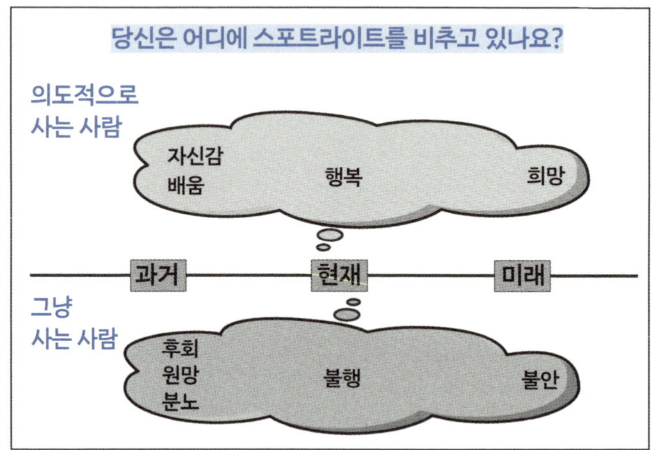

지금까지 여러 번 말씀드렸지만, 이 세상에 진실은 없고 해석만 있을 뿐입니다. 인간이란 무의식적으로 부정 에너지에 빠지기 쉬운 존재입니다. 부정 에너지 속에서 살아가는 사람은 비관적인 안경을 끼고 세상을 바라보고, 과거에 일어난 사건을 '이런 일이 있었다, 저런 일이 있었다'라고 해석하며 그것을 마치 진리처럼 여깁니다. 내가 세상을 바라보는 관점이 해석을 결정하므로, 관점을 바꾸면 나타나는 세계도 달라집니다.

우리가 말하는 과거나 미래는 모두 지금의 '나'가 만들어내는 해석입니다. 지금의 세상을 바라보는 관점을 바꾸면 과거와 미래는 단번에 바뀔 수 있습니다. 지금을 온전히 긍정하면 과거와 미래를 긍정할 수 있습니다. 거꾸로 말하면 지금의 세상을 바라보는 관점을 바꾸지 않은 채 과거의 기억 일부만을 바꾼다고 할지라도 과거를 바라보는 지금의 내가 변하지 않으면 아무것도 달라지지 않는다는 의미입니다.

지금이 행복하다고 말할 수 있을 때, 모든 과거가 아군이 됩니다. 그리고 미래에 대한 희망을 가질 수 있습니다. 그렇다면 행복에 초점을 맞춰 '행복한 나'에서부터 시작하면 어떨까요?

무언가가 해결되면 행복해지는 것도, 무언가를 얻으면 행복해지는 것도 아닌, 긍정 에너지인 자신으로 '지금, 행복한 나'를 선택할 수 있습니다. 그리고 행복한 사람은 주변 사람들도 행복하게 합니다. 그런 사람 주위에는 사람도 모이고, 기회도 찾아올 것입니다.

"행복한 사람은 다른 사람의 행복을 추구하고,
불행한 사람은 다른 사람의 불행을 바란다."
알베르트 슈바이처 Albert Schweitzer

언제나 나 자신의
응원단장이 되자

하지만 앞으로 죽을 때까지 쭉 '지금의 행복한 나로 있어라'라는 말을 듣는다면, 할 수 있을까요? 불가능할지도 모릅니다. 하지만 지금 1초 만이라도 행복한 '나'가 될 수 있다면, 그건 할 수 있을 것 같지 않나요? 인생이란 결국 매일의 반복이며, 매일은 이 순간의 반복입니다. 이 순간을 행복의 색으로 채울지, 불만의 색으로 채울지는 스스로 선택할 수 있습니다. 그리고 그 1초가, 내일은 5초가 될 수도 있습니다. 그렇게 반복하다 보면 다음 주에는 30분이 될 수도 있습니다.

의도적으로 선택하는 삶과 무의식적으로 흘러가는 삶은 인생의 색채가 전혀 다릅니다. 다시 한번 강조하지만, '해야만 한다'라고 생각하면 부정 에너지가 됩니다. '하고 싶어서 한다!'

그리고 '기꺼이 한다!'라고 생각해야 합니다. 그것이 바로 당신과 우리가 인생의 창작자로 가는 과정입니다.

잘 풀리지 않는 일이 있을 때마다 나를 탓하거나 부정하면, 점점 더 부정 에너지가 커져 도전을 이어 나가기가 어려워집니다. 그러므로 상황이 어려울 때일수록 나를 응원해 주기를 바랍니다. 순탄치 않은 일이 일어나는 것, 그것이 바로 도전의 증거이자 훈장입니다.

'아, 부정 에너지가 되었네'라고 깨달았다면, 이번 장에서 이야기한, 부정 에너지를 긍정 에너지로 전환하는 방법을 시도해 보세요. 그리고 다시 도전을 계속해 봅시다.

사람은 자신에게 하는 일을 다른 사람에게도 합니다. 잘 풀지 않는 나를 무의식적으로 부정하고 심판하는 '나'에서 격려하고 응원하는 '나'로 전환한다면, 주변 사람들에게도 똑같이 대하기 시작할 것입니다. 오늘부터 당신이 당신만의 최고의 응원단장이 되어 봅시다!

"새로운 진보에는 두려움이 따른다."

게오르크 헤겔Georg Hegel

4장

승자와 패자가 아닌,
함께 빛나고 성장하는 관계로
- 다른 사람과의 관계

: 나는 나의 빛으로 내 주변을 밝히는 촛불이다

"사랑이란, 사랑받는 것보다
오히려 사랑하는 데에 있다."

아리스토텔레스

경쟁하는 관계 VS 함께 성장하는 관계

"당신의 삶의 방식이 곧 이 세상 그 자체이다."

루트비히 비트겐슈타인 Ludwig Wittgenstein

지금 우리는 자본주의에 살고 있습니다. 자본주의는, 다르게 표현하자면 승패가 있는 '경쟁의 세계'입니다. 자본주의는 다른 사람보다 토지, 돈, 시장 등을 더 많이 소유한 사람이 우위에 있다고 판단하는 사회 구조입니다. 사회 안에 상하관계가 있고, 나의 지식과 노하우는 자기 자신을 위해 사용하며, 소유하고 있는 것을 남에게 주면 자기 몫이 줄어든다는 사고방식입니다. 이러한 사회 구조 속에서 살아가는 사람은 내가 가진 것을 남에게 빼앗기지 않기 위해 지키고, 내가 다른 사람보다 우월하다는 것을 보여주기 위해 힘을 사용합니다.

한동안 뉴스에서 크게 논란이 된 갑질 문제는 승자와 패자가 있는 사회 구조 속에서 살아가기 때문에 발생합니다. 승패의 세계에서 승승장구하며 정상에 오른 리더들은 그 자리를 지키기 위해 안간힘을 씁니다. 왜냐하면 다른 누군가에게 정상의 자리를 빼앗긴다는 것은 곧 패배를 의미하기 때문이지요.

그래서 만약 나의 위치를 흔들 수 있는 유능한 후배가 등장하면, 나의 지위를 빼앗기지 않기 위해 상대방을 억압하고 자기 주변에는 내 말을 잘 듣는 예스맨만 모아두려고 합니다. 그들에게 야망이 있는 뛰어난 인재는 나의 입지를 흔들 수 있는 강력한 적으로 보이는 것이지요. 리더의 관심은, 나의 자리를 지키고 남들보다 우위에 서기 위해, 또 이 사회에서 살아남기 위해 오직 자신만 빛나는 것입니다.

이런 생각을 가진 리더가 주변 사람들과 만드는 관계는 자기상실로 이어집니다. 3장의 마음가짐 레벨 지도에서 이야기한 '3. 자존심' 이하에서 나타나는 '나만 좋으면 된다'라는 마음이 바로 이 '경쟁의 세계'입니다.

그에 반해 '함께 성장하는 세계'는 이와 정반대의 세계입니다. 의견의 차이와 재능의 차이는 배제하는 것이 아니라 서로를 보완함으로써 나타납니다. 최고 지도자가 제멋대로 부하를 장기 말처럼 취급하는 것이 아닌, 조직과 팀이 하나가 되어 하나의 목적을 향해 서로의 재능과 지혜를 활용해 더 나은 것을 만들고 새로운 가치를 창출하는 세계. 그것이 바로 공동의 가치를 창조하는 '함께 성장하는 세계'입니다.

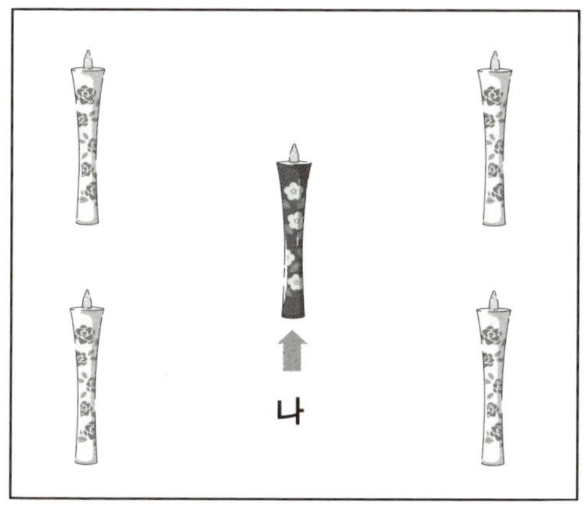

여기 다섯 개의 양초가 있습니다. 가운데 양초가 바로 당신입니다. 당신의 양초에 불이 켜져 있지 않을 때는 주변의 양초가 불을 붙여달라고 해도 불을 붙여줄 수 없습니다. 주변에 불을 붙이려면 우선 당신에게 불이 붙어있어야 합니다(=당신이 빛나고 있어야 한다). 당신이 불을 밝히고 있어야 주변 양초에 불을 붙여줄 수 있습니다(＝주변을 빛나게 할 수 있다). 마음가짐 지도를 통해 말한 '4. 용기' 이상의 '자기 자신과 타인을 모두 이롭게 한다'는 마음가짐 레벨이 바로 이런 세계입니다.

승부의 세계는 한정된 규모의 시장 안에서 타사와 경쟁하여 매출과 점유율을 뺏고 뺏기는 세계입니다. 점유율을 뺏고 뺏기는 경쟁이기에, 다른 사람에게 주면 나의 몫이 줄어듭니다. 하지만 양초의 세계에서는, 다른 사람에게 불을 붙여주어도 나의 불은 꺼지지 않습니다. 오히려 주변에 불을 나누어주면 그 자리가 더 환해집니다. 그리고 거기서 끝나지 않습니다. 불을 밝힌 양초는 또 다른 양초에 불을 나누어주게 되고, 그렇게 빛나는 불은 무한히 퍼져나가게 됩니다. 그렇다면 나는 어떤 세계에 살고 싶은가요?

"거대서사의 시대는 끝났다."

장 프랑수아 리오타르Jean-François Lyotard

앞서 말한 것처럼 승부의 세계에서는 이기거나 지는 두 가지 선택밖에 없었습니다. 그래서 패자가 되지 않으려면 '승자'라는 위치에 있어야만 했습니다. 그러나 양초의 빛이 퍼져나가는 세상은 승자도, 패자도 아닌 제삼의 관점입니다. 그것은 내가 빛날수록 주변도 함께 빛나는 세계입니다.

우리는 차분하게 상대의 의견을 받아들이는 겸손함과 자기를 낮추며 상대방을 높이는 자세를 미덕이라고 여깁니다. 그러나 이러한 미덕도 지나치면 '상대방보다 나를 우선시하는 것은 이기적이고 자기중심적이며 나쁜 것'이라는 생각으로 변질될 수 있습니다.

뛰어난 재능과 재주로 두각을 나타내는 사람이나 튀는 행동을 하는 사람은 다른 사람에게 미움과 비난을 받는다는 속담인 '모난 돌이 정 맞는다'가 그것을 잘 나타내고 있다고 할 수 있겠네요. 하지만 나의 성공으로 주변도 성공할 수 있다면, 그것을 이기적이라고 할 수 있을까요? 내가 성공하면 할수록 주변이 풍요로워진다면, 재능을 발휘하고 사랑받고 행복하게 성공하는 것을 주저할 필요가 없지 않을까요?

큰 조직이 세상을 움직였던 고도 경제 성장기에는 강력한 리더 한 명이 필요했습니다. 그러나 개성을 존중하는 다양성이 있는 오늘날과 같은 시대에 요구되는 것은 한 명의 리더가 아닙니다. 자신뿐만 아니라 주변을 빛나게 하는 리더가 필요합니다. 실제로 내가 활약할뿐만 아니라 주변의 활약을 돕는 사람은 어디에서나 높은 평가를 받고 있습니다.

예를 들어 제 프로그램에 참여했던 마사미 씨(가명)를 살펴봅시다. 그는 매우 우수한 인재로, 대형 프로젝트를 완수해 큰 성공을 거두며 사내 상위 20%의 평가를 받았습니다. 이듬해에는 대형 프로젝트가 없었기에 전년도만큼 성과를 거두지 못하여, 평가가 떨어질 것 같다며 걱정했습니다. 하지만 막상 뚜껑을 열어보니 정반대의 결과가 나왔습니다. 마사미 씨는 더 높은 평가를 받아 상위 2%의 평가를 받게 된 것입니다.

예상치 못한 평가에 놀란 마사미 씨가 상사에게 그 이유를 묻자, 상사는 '팀에 긍정적인 영향을 주고 팀을 성공적으로 이끌었기 때문'이라고 대답했다고 합니다. 마사미 씨는 지금까지 이렇게 좋은 평가는 더 큰 프로젝트에 참여해서 더 뛰어난 성과를 거두어야만 받을 수 있는 평가라고 생각했다고 합니다. '결과를 도출해도 회사로부터 기대만큼 좋은 평가를 받지 못하리라고 생각했는데, 지금까지의 평가는 적절했다'라고 그는 회상했습니다.

세상에 자기 혼자서 성과를 내는 사람은 많습니다. 하지만 그런 사람들이 모두 주변에 좋은 영향을 미치는 것은 아닙니다. 만약 그가 '나만 잘되면 된다'라는 생각으로 공로를 독차지하려 했다면, 이런 결과는 나오지 않았겠지요. 주변 사람들의 재능을 발견하고 그것을 빛나게 했기 때문에 팀 전체의 실적이 올라갔고, 그것이 그에게 좋은 평가로 돌아온 것입니다.

내게 좋은 것이
상대에게 좋은 것일까?

우리는 모두 유일한 존재이며, 전부 다른 존재입니다. 하지만 '자신과 상대방의 어떤 부분이 다른지'까지 상세하게 인식하고 있나요? 예를 들어 '내가 받으면 기분 좋아지는 일을 다른 사람에게도 하라'라는 말을 어디선가 한 번쯤 들어본 적이 있을 것입니다. 그런데 이 말은 사실일까요? 상대방을 기쁘게 하겠다는 생각에 내가 받으면 기분 좋아지는 일을 했는데, 상대가 전혀 기뻐하지 않고 오히려 불쾌하다는 반응을 보인, 그런 경험은 없었나요?

플라톤은 지혜는 경험에서 온다고 말했습니다. 저는 회사를 운영하던 시절, 직원들에게 다양한 도전 기회를 제공했었습니다. 왜냐하면 저는 호기심이 많은 사람이고, 항상 똑같은 일을 하기보다 새로운 일을 시도하는 것을 좋아했기 때문입니다. 그래서 분명 직원들도 그런 기회를 반기리라고 생각했지요.

그런데 도전할 기회를 제공하면 할수록 티 나게 싫어하는 표정을 짓는 직원이 나타나더니, 어느 날은 대놓고 '사장님은 항상 즉흥적으로 말씀하셔서 곤란해요'라는 말을 들었습니다. 당시에는 '내가 그들을 위해 제안한 건데!'라며 화를 냈지요. 지금에서야 이해하지만, 그는 이미 있는 것을 꾸준히 키워나가는 것에 기쁨을 느끼는, 저와 정반대의 사고 패턴을 가진 유형이었습니다.

이것은 '내가 기뻤던 일은 상대방도 기뻐할 것'이라는 믿음과, 자신과 상대방은 다르다는 것을 알면서도 어떤 부분이 다른지에 대한 저의 이해가 부족했기 때문에 벌어진 하나의 비극적인 사례입니다.

좋은 의도로 한 행동이나 말이 역효과를 일으켜 상대방에게 불쾌감을 주고 관계를 악화시키는 것은 정말로 안타까운 일입니다. 상대방을 위한다는 마음에, 배려하면 할수록 상대방과의 거리가 좁혀지기는커녕 오히려 더 멀어지는 것이니까요.

하지만 이런 문제를 해결할 방법이 있습니다. 이 문제가 발생하는 이유는 자신과 상대방의 차이를 이해하기 위한 스케치가 없기 때문입니다.

이때 1장에서 소개한 〈철학자 운세〉를 활용해 봅시다. 〈철학자 운세〉는 자신과 상대방의 사고 패턴의 차이를 이해할 수 있는 도구입니다. 내가 어떤 사고 패턴을 가지고 있는지, 인간관계를 맺을 때 무엇을 의식해야 하는지, 상대방과의 거리를 좁히기 위해서는 무엇이 필요한지 등을 알 수 있습니다.

이 스케치가 있으면 '의견 충돌은 원래 가지고 있는 사고 패턴의 차이였구나' '저 사람은 이런 점을 중요하게 여기는 사람이었네' 등 자신과 상대방을 관찰하여 전체적으로 바라볼 수 있습니다. 그리고 상대방의 사고 패턴에 맞게 대처할 수 있게 되어 상대방과 좋은 인간관계를 맺을 수 있게 됩니다.

어쩌면 지금까지는 오해와 갈등을 피하며 무미건조한 관계밖에 만들지 못했던 상대방과의 관계가, 서로의 장점을 살리고 부족한 부분을 보완하고 지원하는, 새로운 가치를 창출할 수 있는 관계로 진화할 가능성이 생길지도 모릅니다.

나와 상대방의
사고 패턴 이해하기

그렇다면 지금부터 철학자 운세의 활용법을 알려드리겠습니다. 철학자 운세는 사고 패턴을 열두 가지로 분류하고 있으며, 그림과 같이 상하좌우 네 개로 나눌 수 있습니다. 네 가지 카테고리로 나누어 생각하면 대략적인 상대의 사고 패턴을 짐작하고 활용할 수 있습니다.

예를 들어 상하로는 '미래 지향형'과 '경험 지향형'으로 나눌 수 있으며, 좌우로는 '좌뇌형'과 '우뇌형'으로 나눌 수 있습니다. 다시 말해 오른쪽 위가 '미래 지향형＋좌뇌형', 오른쪽 아래가 '경험 지향형＋좌뇌형', 왼쪽 아래가 '경험 지향형＋우뇌형', 왼쪽 위가 '미래 지향형＋우뇌형'이 됩니다.

미래 지향형과 경험 지향형, 좌뇌형과 우뇌형의 차이를 표로
정리했습니다.

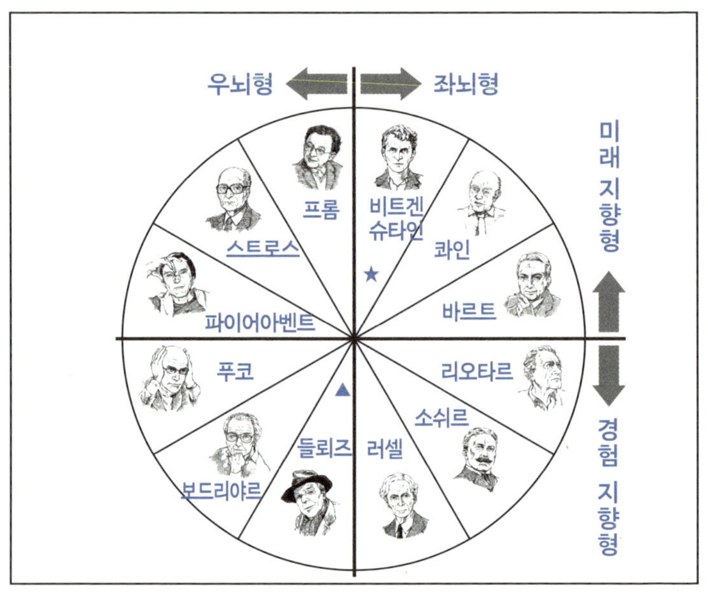

이러한 차이를 인식하지 못하면 의견 대립이 발생하게 됩니
다. 예를 들어 ★의 비트겐슈타인과 ▲의 들뢰즈는 완전히 정
반대의 유형으로 분류됩니다. 비트겐슈타인은 '미래 지향형＋
좌뇌형'입니다. 이 유형은 무언가를 생각할 때 의식하지 않아

도 사고가 저절로 미래를 향합니다. 지금까지의 경험보다 앞으로 어떻게 될지, 항상 희망적인 관점에 서서 사물을 생각합니다. 좌뇌형은 현실 사회 속에서 결과를 만들어내는 데 능숙하기 때문에 사람의 마음을 헤아리기보다는 논리적인 사고로 문제를 해결해 나갑니다.

'미래 지향형＋좌뇌형' 중에서도 특히 비트겐슈타인은 호기심이 많고 행동력이 강합니다. 또 무언가를 장기적으로 이루기보다 단기로 승부하며, 생각이 떠오르면 바로 행동으로 옮기는 유형입니다. 가만히 있는 것을 힘들어하고 바쁘게 움직여야 오히려 지치지 않는 파워풀한 사람입니다.

그에 비해 들뢰즈는 '경험 지향형＋우뇌형'입니다. 어떤 일을 생각할 때, 자연스럽게 과거의 경험에 의식이 집중됩니다. 그리고 논리보다 감정과 직관이 뛰어난 우뇌형이기에, 현재 상황을 종합적으로 파악하고 직관과 감정에 따라 판단을 내립니다. 주위의 분위기를 감지할 수 있는 것도 이런 우뇌형 유형입니다.

비트겐슈타인과 정반대인 들뢰즈는 장기적인 관점을 가지고 있으며, 떠오른 생각을 바로 행동으로 옮기지 않습니다. 신중하고 차분하게 전략을 짜고, 항상 최악의 상황을 가정하고 치밀하게 준비한 후 행동합니다. '돌다리도 두드려보고 건너라'라는 속담이 있는데, 들뢰즈가 바로 그런 유형입니다. 들뢰즈는 사람의 심리를 꿰뚫어 보는 데에 능숙하기 때문에 잘 맞지 않는 상대방이라도 어떻게든 분위기를 즐겁게 만들 수 있습니다.

미래 지향형	경험 지향형
• 낙관적이다. • 비전을 그리고 나아간다. • 항상 희망적인 시선으로 본다. • '어떻게든 되겠지'라는 낙관적이고 긍정적인 사고를 가진다. • 호기심이 있다. • 기존의 고정관념에 얽매이지 않고 새로운 아이디어에 도전한다. • 행동력이 있으며 속도감이 있다.	• 신중하다. • 돌다리도 두드려보고 건넌다. • 과거의 경험과 실패로부터 교훈을 얻어 다음 번에 활용한다. • 언뜻 비관적으로도 보인다. • 경험하지 않았던 일에 몰두하는 것은 서툴다. • 구체적인 목표 설정과 계획 책정에 근거하여 행동한다. • 확실성을 찾을 때까지 행동하지 않는다.
좌뇌형	**우뇌형**
• 사고를 기반에 둔다. • 분석력과 추론력이 높다. • 논리적으로 사고한다. • 숫자와 계산에 강하다. • 목표에 대해 계획을 세우고 진행한다. • 현실 사회 안에서 결과를 낸다. • 논리적으로 이해하지 못하면 생각을 굽히지않는다.	• 감정을 기반에 둔다. • 창조성이 뛰어나다. • 직감적인 통찰력을 가지고 있다. • 독자적인 아이디어와 시점을 만들어낸다. • 직감과 감정에 근거하여 판단한다. • 감정과 분위기에 민감하다. • 다른 사람의 기분을 관찰한다. • 물질적인 만족보다 정신적인 만족을 우선시한다.

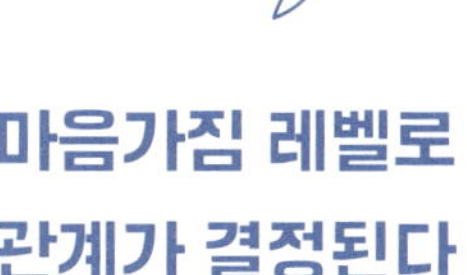

마음가짐 레벨로
관계가 결정된다

철학자 운세를 보면 똑같은 사람이라도 기반이 되는 가치관이 전혀 다르다는 것을 알 수 있습니다. 또한 내가 어떤 마음가짐 레벨에 있느냐에 따라 상대방과의 관계가 결정됩니다. 예를 들어 마음가짐 레벨 지도의 레벨 3 이하인 경우, 상대방과의 차이는 '내가 옳고 상대가 틀렸다'가 됩니다. 레벨 3 이하의 비트겐슈타인 유형의 사람이 들뢰즈 유형의 사람에게 '이렇게 해보면 어때?'라고 조언했으나, 들뢰즈 유형이 너무 신중해서 전혀 행동하지 못하면 '해봐야 알 수 있으니 일단 해봐!'라고 말하고 싶어질지도 모릅니다.

반대로 들뢰즈 유형은 비트겐슈타인 유형의 사람에게 '그런 생각만으로 제대로 고민하지 않고 일을 진행하면 위험해. 더 나

뿐 상황까지 고려해서 신중하게 행동하자'라고 말하고 싶을지도 모릅니다.

그리고 마음가짐 레벨 4 이상이 되면, 관계는 전혀 다른 양상으로 나타납니다. 왜냐하면 비트겐슈타인 유형은 미래를 향한 비전을 이야기하며 사람들을 끌어들이고, 들뢰즈 유형은 그 전략을 잘 짜서 장기적으로 착실하게 앞으로 나아갈 수 있기 때문입니다. 그리고 주변을 배려하면서 동료들과 함께 만들어 나가는 것이죠. 이렇게 각자의 특성이 서로의 부족한 부분을 보완한다면 관계는 '대립'이 아닌 '상생'의 최강 조합이 될 것입니다.

지금까지 자신과 타인이 다르다고는 생각했어도, 어떤 부분이 다른지 명확하지 않았을 수도 있습니다. 그러나 이제 당신은 새로운 관점인 스케치를 손에 넣었습니다. 내가 기뻐하는 행동을 상대방에게 하는 것이 아니라, 상대에게 맞추어 그 사람이 무엇에 기뻐하는지를 고민하는 도구로 이 스케치를 활용해 보세요. 서로의 차이를 비판과 대립이 아닌, 상생하는 힌트가 될 수 있을 것입니다.

이 스케치의 가장 큰 목적은 상대방의 사고 패턴을 맞추는 것이 아닙니다. 네 가지 분야를 단서로 삼아, 상대방과 의견이 다를 때 무의식적으로 반응하고 내가 옳다고만 주장하는 것이 아닌, '이 사람은 어떤 유형의 사람일까'라고 한 번쯤 관찰하는 데에 가치가 있습니다. 관찰은 전체적으로 바라보기의 훈련이며, 마음가짐 레벨을 높이는 데도 도움이 됩니다. 관찰하다 보면 자신과 감정 사이에 약간의 간극이 생겨 감정에 휩쓸리지 않게 됩니다. '이 분야의 사람이라면 이런 식으로 이야기해 볼까?'라는 고민은 유연한 사고로도 이어집니다. 어쩌면 지금까지 보지 못했던 그의 매력을 발견할 수 있을지도 모릅니다.

"관찰이란, 생각을 위한 모든 재료를 지성에 제공하는 것이다."

존 로크 John Locke

내가 가진
영향력을 아는 것

모든 사람은 반드시 누군가에게 영향을 미치고 있습니다. '함께 있으면 분위기가 밝아지는' 느낌의 사람이 있는가 하면, '함께 있으면 분위기가 어두워지는' 느낌의 사람도 있습니다. 사람들이 말하는 '영향력을 지니고 싶다'에서 '영향력'은, 대부분 전자의 좋은 영향력을 의미할 것입니다. 하지만 영향력은 양면성을 가지고 있기에 부정적인 영향을 끼칠 수도 있지요. 부정적인 영향을 미치는 사람에게는 '그 사람이 있으면 왠지 분위기가 좋지 않아서……'라며 연락이 오지 않을 것입니다. 하지만 그 누구도 주변에 부정적인 영향을 끼치려고 의식하고 행동하는 사람은 없습니다. 그렇다면 사람은 어떻게 다른 사람에게 부정적인 영향을 끼치는 것일까요?

그것은 나의 상태가 그 장소의 에너지로 나타나기 때문입니다. 그것뿐입니다. 무의식적으로 흐릿하게 살아가다 보면, 그럴 의도가 아니더라도 주변에 부정적인 영향을 미치고 있습니다. 따라서 내가 지금 어떤 영향력을 발휘하고 있는지 자각하고, 그 영향력에 책임을 지는 것이 최소한의 매너라고 할 수 있겠지요.

영향력은 '사람과의 관계'에서 수준을 높이기 위해 중요한 포인트 중 하나입니다. 내가 가지고 있는 영향력에 대해 책임감을 가지면, 주변 사람들과의 관계는 분명히 달라질 것입니다.

'나는 영향력이 없다'라고 말하는 사람은 내가 주변에 미치는 영향력을 깨닫지 못하고 계속해서 부정적인 에너지를 주변에 휘두르게 됩니다. 그러면 당연히 주변 사람들과 좋은 관계를 맺을 수 없겠지요.

무의식적으로 부정 에너지가 되기 쉬운 존재가 바로 인간입니다. 그렇기에 좋은 영향을 주는 사람이 되기 위해서는 하루를 무의식적으로 보내지 말고, '오늘 하루 나는 가장 행복한 내가 되자! 기분 좋게 지내자!'라고 마음가짐을 의도적으로 선택하는 것이 중요합니다. 나는 어떤 영향력을 미치는 사람이 되고 싶은가요?

"인간은 생각하는 갈대다."

블레즈 파스칼Blaise Pascal

상대방의 기분에
휘둘리지 않는 나

**"성공하는 가장 큰 비결은, 타인이나 상황에
휘둘리지 않는 사람이 되는 것이다."**

알베르트 슈바이처 Albert Schweitzer

아침 스위치를 켜고 최고의 '나'로 하루를 시작하기로 마음을 먹었다면, 제일 경계해야 하는 것은 무엇일까요? 예를 들어 기분 좋게 하루를 시작했지만 함께 있는 사람의 기분이 좋지 않아 나 역시 기분이 나빠진 경험이 누구나 한 번쯤은 있을 것입니다. 이런 상황은 특히 부부나 가족 등 가까운 관계에서 발생하기 쉽습니다. 서로 짜증난 상태로 사소한 말다툼을 하거나, 말도 하지 않고 방에 틀어박혀 '기분 좋게 하루를 시작했는데

저 사람 때문에 망쳤다'라고 불평하다 보면 점점 부정 에너지가 쌓이게 됩니다. 그렇게 되면 나의 기분은 '상대에게 달린' 상황이 되어버리는 것입니다. 당신의 인생인데 말입니다!

이렇게 되지 않으려면, 먼저 자신과 상대방의 관계를 아래와 같이 네 가지로 나누어 생각해 봅시다.

① 나는 기분이 좋다. ○　　　상대도 기분이 좋다. ○
② 나는 기분이 좋다. ○　　　상대는 기분이 좋지 않다. ✕
③ 나는 기분이 좋지 않다. ✕　　상대는 기분이 좋다. ○
④ 나는 기분이 좋지 않다. ✕　　상대도 기분이 좋지 않다. ✕

①은 두 사람 모두 기분이 좋으므로 가장 좋은 관계입니다. 그리고 ④는 두 사람 모두 기분이 좋지 않으므로 최악의 관계입니다. 그 사이에 ②와 ③이 있습니다. 하나는 상대방의 기분이 나쁜 상태, 다른 하나는 상대방의 기분이 좋은 상태입니다.

이때 상대방의 기분을 통제하려고 '왜 그렇게 기분이 안 좋아?'라고 말하면 관계는 더욱 악화될 수도 있으니 주의해야 합니다.

그렇다면 우리가 할 수 있는 일은 무엇일까요? 우리가 유일하게 통제할 수 있는 것은 자기 자신의 에너지 상태뿐입니다. 나의 상태를 기점으로 '나는 기분 좋게 있자'라고 결정하면, ③과 ④는 사라지고 ①과 ②만 남게 됩니다.

① 나는 기분이 좋다. ○　　　상대도 기분이 좋다. ○
② 나는 기분이 좋다. ○　　　상대는 기분이 좋지 않다. ×
③ ~~나는 기분이 좋지 않다.~~ ×　~~상대는 기분이 좋다.~~ ○
④ ~~나는 기분이 좋지 않다.~~ ×　~~상대도 기분이 좋지 않다.~~ ×

①은 둘 다 기분이 좋으니 문제없습니다. ②는, 자신은 기분 좋게 있기로 마음을 먹었기에 상대방과 상관없이 기분이 좋을 것입니다. 기분이 좋은 사람을 앞에 두고 계속 불쾌한 감정을 드러내는 사람은 많지 않습니다. 내가 기분이 좋으면, 그사이 상대방의 기분도 좋아질 것입니다. 그리고 '나는 기분이 좋다'라는 마음을 유지하면, 나의 기분이 좋으니 문제는 일어나지 않지요.

이는 웨딩 플래너였던 시절, 여러 예비 신랑·신부에게 알려주고 좋은 반응을 얻은 방법입니다. 이 방법의 장점은 상대방을 바꾸려고 하지 않는다는 것입니다. 사람에게는 변화를 강요하면 반발심이 들고 거리가 멀어지며 짜증이 나기 때문에 관계가 나빠질 수밖에 없습니다.

상대방을 바꾸려고 하지 않으면 신기하게도 상대방은 변화합니다. 특히 부부나 연인 등 가까운 관계가 따뜻해지면 다른 관계에도 파급력을 미쳐 업무에서도 전에 없던 성과를 낼 수 있는 계기가 되기도 합니다. 꼭 실천해 보기를 바랍니다.

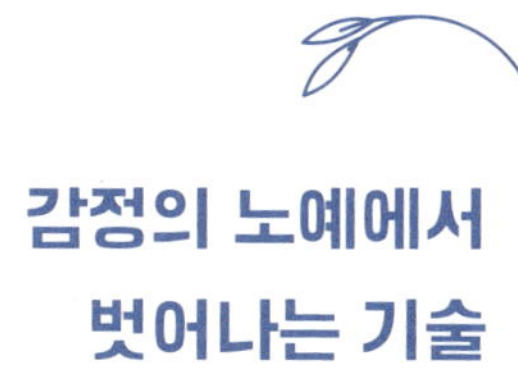

감정의 노예에서 벗어나는 기술

앞서 말했듯 내가 상대방을 바꿀 수 없는 것처럼, 우리는 상대방이 나를 어떻게 대하는지도 통제할 수 없습니다. 그렇다면 우리가 할 수 있는 유일한 방법은 무엇일까요?

바로 감정에 휘둘리지 않는 것입니다. 이것은 스스로 결정할 수 있습니다.

예를 들어 누군가의 말과 행동에 화가 나서 감정적으로 반응하고, 무심코 반론하거나 거친 말을 사용해 인간관계를 망가뜨렸다가 나중에 후회한, 그런 경험을 누구나 한 번쯤은 겪어봤을 것입니다.

감정이 사고를 장악하여, 사건에 대한 반응으로 끓어오르는 감정에 휩쓸려 통제 불능에 빠진 상태를 저는 '감정의 노예'라고 표현합니다. 감정에 휘둘리지 않기 위해서는 사실과 해석을 구분하는 것이 중요합니다. '사실'은 실제로 일어난 일입니다. '해석'은 사실에 대한 설명이자 기억이며, 이는 머릿속에만 있고 실체가 없습니다.

어떤 사건이 발생하면 사실과 해석이 혼재되고, 거기에 분노, 슬픔, 분개와 같은 감정이 뒤엉키는데, 많은 경우 그것을 진실이라고 믿어버립니다. 이는 인간이 무의식적으로 하는 일이기 때문에 의식하지 않고 살아가다 보면 그것을 알아차리지 못합니다. 하지만 계속해서 말하는 것처럼 우리는 '이 세상에 진실은 없다. 해석만이 존재할 뿐이다'라는 사실을 이미 알고 있습니다.

의식적으로 '이것은 사실이 아니라 해석이다'라고 생각할 수 있다면, 사건과 감정 사이에 약간의 틈을 만들 수 있습니다. 그렇게 되면 감정에 지배당하는 일이 순식간에 사라집니다. 사실 이것을 쉽게 할 수 있다면 우리 모두가 인간관계로 고민하는 일도 없어지겠지요.

여기에서 우리는 무엇에 의해 해석이 결정되는지를 기억해야 합니다. 해석은 우리의 뇌에서 결정되며, 그것을 결정하게 하는 것은 남보다 우위에 서고자 하는 '힘에 대한 의지'입니다. 해석만을 바꾼다고 하더라도 문제는 계속해서 발생합니다. 그래서 2장에서 '마음가짐 레벨'에 집중하여 해석을 결정하고 있는 것의 정체에 대해 알아본 것입니다.

예를 들어 제가 어떤 직원에게 '부탁이 있는데요'라고 말을 걸었는데, 상대방이 대답하지 않았다고 가정해 봅시다. 일어난 사건은 '내가 말을 걸었다', 그리고 '상대방이 대답하지 않았다', 오직 그것뿐입니다. 만약 마음가짐 레벨 3 이하의 사람이라면 이것을 어떻게 해석할까요?

'분명 내 말을 들었을 텐데 들리지 않는 척하고 나를 무시하고 있다'라고 해석하고, 화를 내며 분노합니다. 그렇게 되면 망상이 점점 부풀어 올라 '그러고 보니 그 직원은 전에도 나를 무시했었지?'라며 과거의 해석까지 끌고 와, '그는 나를 무시하고 있다'라며 점점 더 부정적인 해석을 펼치게 됩니다. 그리고 급기야는 '나에게 뭔가 불만이 있는 게 틀림없다' '나를 싫어한다' 등의 확신을 갖게 된 후 '그래서 그런지 태도가 반항적이다'라며 그 해석을 정당화합니다. 이렇게 문제를 복잡하게 만들면 그 다음부터는 색안경을 끼고 그를 바라보게 되므로 절대 좋은 관계를 맺을 수 없습니다.

묘하게 현실적인 이야기처럼 느껴졌나요? 그렇게 해석한 것은 분명 웨딩 플래너 시절의 저입니다(직원 여러분, 죄송합니다).

그렇다면 마음가짐 레벨 4 이상의 사람은 어떨까요? '어라?

들리지 않았나 보다'라고 해석하고, 이름을 부르며 다시 말을 걸겠죠.

사건에는 색깔이 존재하지 않습니다. 그 사람의 해석(=사물을 파악하는 방식)이 사건에 색을 입히는 것입니다. 지금까지 무의식적으로 진실이라고 믿었던 나의 해석을 '해석은 해석일 뿐, 사실이 아니다'라고 바라보면 여유가 생겨 감정에 휩쓸리기 전에 멈출 수 있습니다. 그러면 사실과 해석을 냉정하게 판단하고 다른 해석을 선택할 수 있습니다. 왜냐하면 그것은 사실이 아니기 때문입니다.

앞으로 누군가의 말에 짜증이 난다면 '일어나고 있는 사실은 무엇이고, 해석은 무엇인가?'라고 의식적으로 생각해 봅시다. 우리가 함께 했던 마음가짐 레벨 지도를 참고해 어떻게 사물을 바라볼지 고민해 보는 것도 좋습니다. 이때 '아, 내가 사실과 해석을 혼재하고 있구나'라고 알아차리면, 생각이 자유로워지고 감정에 얽매이지 않게 됩니다.

이것은 다른 사람으로부터 피드백을 받을 때도 마찬가지입니다. 마음가짐 레벨이 3 이하인 사람은 자신과 의견이 다른 피드백을 지적이라고 해석하기 쉽습니다. 나의 정체성이 훼손되었다고 생각하여 변명하는 사람, 역정을 내는 사람, 미움을 받을까 걱정하는 사람 등 다양합니다.

하지만 마음가짐 레벨이 4 이상이 되면, 누군가의 피드백은 내가 보지 못했던 관점을 볼 수 있는 '고마운 기회'로 받아들일 수 있습니다.

같은 생각을 가진 사람들과의 의견 교환은 나를 긍정하는 것이기에 스트레스도 없고 마음이 편안합니다. 하지만 비슷하게 생각하는 사람들만 만나면, 나의 세계는 확장되지 않습니다. 자기 생각의 정당성을 입증하는 데 집착하고, 다른 사람의 의견을 받아들이지 않으면 나의 세계는 점점 더 좁아질 것입니다.

새로운 가능성과 가치는, 자신과 다른 관점을 지닌 사람, 내가 하지 못했던 생각을 하는 사람과의 교류에서 탄생합니다. 그것이 내가 보지 못했던 세계를 접하고, 생각의 틀을 넓히는 기회가 됩니다. 자신과 다른 생각을 받아들이기 위해서는 큰 그릇가 필요합니다. 마음가짐 레벨에서는 '5. 수용'에 해당합니다. 어느 한쪽이 옳다는 관점이 아닌, 중립적인 입장에서 객관적으로 바라볼 수 있는 유연성이 생기면 다른 사람과의 관계의 질이 향상될 것입니다.

"타인이란, '나'라는 존재를
자기 완결적 고독에서 구해줄
유일한 희망이자 무한한 가능성이다."

에마뉘엘 레비나스Emmanuel Levinas

좋은 관계를 만들 기회는 얼마든지 있다

지금부터는 당신이 인간관계를 재건할 수 있는 몇 가지 비결을 소개하려고 합니다. 당연하다고 느껴지는 내용이 있을 수 있겠지만, 마음가짐 레벨이 달라지면 지금까지 해왔던 일도, 해석도 달라집니다. 그리고 이 비결들을 실제로 실행할 수 있다면 분명 당신의 인간관계에는 큰 변화가 찾아올 것입니다. 부디 새로운 '나'로 거듭나기 위해 몰두해 보세요.

1. 의도적으로 인사하기

인사는 인간관계의 기본입니다. 기분 좋은 인사를 할 수 있는 사람은, 누구에게나 '기분 좋은 사람'으로 호감을 얻을 수 있습니다.

저는 업무상 많은 리더들을 만나거나 인터뷰할 기회가 많습니다. 그들은 '좋은 사람 없나요?'라는 말을 자주 하는데, 여러분은 '좋은 사람'이란 어떤 사람이라고 생각하나요? 일을 꼼꼼하고 빠르게 처리하는 사람일까요? 아니면 스스로 생각하고 행동하는(지시를 기다리지 않는) 사람일까요? 그것도 아니면 주어진 역할에 책임감을 갖고 성과를 창출하는 사람일까요?

사실 모두 다 아닙니다. 많은 리더들이 원하는 사람은 '밝고, 활기차고 성실한 사람' '인사를 잘하는 사람'입니다.

어쩌면 조금 황당하다고 생각할 수 있겠지만, 결국 많은 사람이 리더의 마음에 쏙 들게 인사하지 못하고 있는 것이 아닐까요? 사람들과 좋은 관계를 만들고 싶다면 의도적으로 정중하게 인사하는 습관을 길러봅시다. 평소 직장에서 자주 만나는 동료들에게도 그냥 '안녕하세요'로 끝나지 말고, 밝은 목소리로 또박또박 '좋은 아침이에요' '수고하십니다' '잘 부탁합니다'라고 인사해 보세요. 상대방이 '무슨 좋은 일 있었어?'라고 묻는다면 대성공입니다.

우리는 '저 사람은 밝은 사람' 혹은 '어두운 사람'이라고 표현합니다. 당신이 들어오면 왠지 모르게 분위기가 환해지는, 그런 존재가 되어 보는 것은 어떨까요? 인사만큼은, 누구나 조금만 의식만 하면 기준을 높일 수 있습니다. 그리고 간단함에 비해 효과는 엄청납니다.

의도적인 인사뿐만 아니라 미소 짓기, 기분 좋게 행동하기 등 우리 주변에는 인간관계를 좋게 만들 기회가 많습니다. 또한 이것들을 기분이 좋을 때뿐만 아니라, 언제든지 할 수 있지요.

사소한 일들을 매일 꾸준히 지속하는 것이 큰 차이를 만들어냅니다. 그리고 그런 매일매일이 쌓이면 습관이 되고, 습관은 그 사람의 인격을 형성해 나갑니다.

"나의 행위는 세상에 영향을 미치고 있다."
프리드리히 니체Friedrich Nietzsche

2. 불평을 부탁으로 바꾸기

내가 기대한 대로 상대방이 행동하지 않을 때, '왜 안 해주는 거야?' '해줘도 괜찮잖아'라며 불평하고 싶은 마음이 들기 마련입니다. 특히 가족이나 동료 등 친밀한 관계일수록 '해주는 건 당연'하고 '이해해 주는 건 당연'하다고 생각하기 때문에 더욱 짜증이 치밀어오르지요. 이해받지 못하는 것에 상처받고, 그것이 분노로 이어질 때도 있을 것입니다.

하지만 짜증 섞인 말투로 비난한다고 한들 상대방이 기분 좋게 움직여 줄 리가 없습니다. 오히려 말을 무시하거나, 대충 얼렁뚱땅 대답하거나, 마지못해서 움직이는, 이 세 가지 중 하나의 행동을 하기가 쉽습니다. 그런 상대방의 태도에 또다시 화가 나는 악순환이 일어나, 상대방과의 관계는 점점 꼬여만 가겠지요. 작은 불만도 쌓이면 관계는 나빠지기 마련입니다.

하지만 이는 단어를 살짝만 바꾸면 해결됩니다. 바로 '불평'을 '부탁'으로 바꾸는 것입니다. 예를 들어 집에서 식사 후 식기를 싱크대 안에 넣어달라고 했는데 남편이 싱크대 옆에 올려만 둔다면, '왜 싱크대 안에 넣어두지 않는 거야?'라고 불평하고 싶지 않았나요?

당신은 '식사 후에 식기는 싱크대 안에 넣어두는 것'이라고 생각하지만, 상대방은 식사 후에 '식기는 싱크대 옆까지 가져다 두는 것'이라고 생각할지도 모릅니다. 나의 상식과 타인의 상식은 같지 않습니다. 그래서 당신이 화를 내도 가족들은 '나는 싱크대까지 가지고 왔는데 왜 화를 내는 거야?' 할 수도 있지요.

이를 부탁으로 바꾸어 '다 먹은 식기를 싱크대까지 옮겨줘서 고마워. 그런데 싱크대 안까지 넣어주면 더 좋을 것 같아'라고 구체적으로 말하면 됩니다. 당신이 진심으로 미소를 지으며 '고마워. 큰 도움이 되었어'라고 말한다면 서로 기쁘고, 기분 좋은 시간을 보낼 수 있을 것입니다.

불평한다고 상대방의 행동이나 관계는 개선되지 않습니다. 불평 대신 부탁을 전하고, 상대방이 부탁에 응해 주면 감사함을 표현합시다. 말하는 방법을 다양하게 고민하고 즐겨보기를 바랍니다. 우리는 먼 관계의 사람들에게는 감정적으로 대하지 않고 지낼 수 있는데, 어째서인지 가까운 사람이나 정말 소중히 하고 싶은 사람에게는 자존심을 부리게 되어 쉽게 갈등이 생기고 맙니다.

당신이 정말로 소중히 여기고 싶은 사람은 누구인가요? 그리고 그 사람과 어떤 관계를 맺고 싶은지, 다시 한번 생각해 보기를 바랍니다. 분명 서로의 우위를 주장하는 이기고 지는 관계가 아닌, 감사와 기쁨의 따뜻한 관계일 것입니다.

여러분에게 소중한 사람을 진심을 다해 정말 소중히 여길 수 있기를 바랍니다.

3. 오늘은 누구를 웃게 할지 생각하기

> "오늘 적어도 한 사람에게, 적어도 한 가지
> 기쁨을 줄 수 없는 것인가?"
>
> 프리드리히 니체Friedrich Nietzsche

마음가짐을 새롭게 창작하고, 인생의 창작자로 살고자 결심했다면, 이제 중요한 것은 '오늘, 누구를 웃게 할까?'라는 질문입니다. 자기강화와 자기상실을 구분하는 가장 큰 차이점 중 하나가 '나만 좋으면 된다'라고 생각하는지, 아니면 '나도 좋고 다른 사람도 좋아야 한다'라는 관점으로 생각하는지이기 때문입니다.

그 경계를 뛰어넘기 위해 할 수 있는 일은 어렵지 않습니다. 바로 누군가를 웃게 만드는 것입니다. 아침에 일어나 오늘 만날 사람들 가운데 누구를 웃게 할지, 그를 위해 무엇을 할지 계획을 세워 보기를 바랍니다. 오늘 하루 누군가를 만날 계획이 없다면, 메시지를 보낼 때 그 사람을 웃게 만드는 회심의 한마디를 덧붙이는 것도 괜찮습니다.

어떤 특별한 것을 할 필요는 없습니다. '어떤 말을 하면 상대방을 웃게 만들 수 있을까?' '어떤 행동을 하면 그 사람이 기뻐할까?' 그렇게 생각하는 것만으로도 즐겁지 않나요?

그리고 누군가를 웃게 만들었을 때, 그 미소를 보면 분명 당신도 웃게 될 것입니다. '누군가를 기쁘게 할 수 있는 나'는 스스로에게 자신감과 충족감을 가져옵니다.

내가 무언가를 하지 않아도 상대방이 해준 행동과 배려, 함께 보내준 시간에 대해 기쁘고 즐겁고 감사하다는 마음을 부끄러워하지 않고 망설임 없이 표현하는 것도 상대방을 웃게 만드는 한 가지 방법입니다.

저는 많은 사람들을 만나면서, 사실 사람은 누구나 '누군가를 기쁘게 하고 싶고' '누군가에게 도움이 되고 싶은' 마음을 가지고 있다고 느낍니다. 그래서 누군가가 나의 배려를 알아주고, 누군가가 나의 행동에 기뻐했다는 것을 알게 되면 마음이 뿌듯해지지요.

이때 당신이 먼저 미소 짓고 있는 것이 무엇보다 중요합니다. 당신의 미소가 모든 것의 시작입니다. 그리고 상대방에게 대가를 바라지 않아야 합니다. 분명 상대방이 기뻐하고 고마워할 것이라는 생각으로 행동하고 말하면, 그렇지 않을 때 상대방을 탓하거나 웃게 하지 못한 자신에게 실망하여 부정 에너지가 되고 맙니다. 내가 하고 싶어서 하는 행동이므로 상대방의 반응과는 관계없습니다. 그리고 상대방이 기뻐하면, 물론 망설이지 말고 기쁨을 만끽해 봅시다. 그것이 기쁨의 순환으로 이어질 것입니다.

4. 당연한 생각에서 벗어나기

"우리는 일상에서 놀라움의 감각을 잃어버리게 된다."

마르틴 하이데거 Martin Heidegger

결혼한 지 얼마 되지 않은 남성으로부터 상담을 받은 적이 있습니다. 아내가 일하느라 바쁘고 항상 짜증이 많아 어떻게든 해결하고 싶다는 상담이었습니다. 가끔 아내를 대신해 식사를 준비하면 어떻겠냐는 저의 제안에, 남편은 요리에 소질이 없다고 대답했습니다. 그래서 '매일 아내가 밥을 해주면, 일주일에 한 번이라도 설거지를 하는 건 어떤가요?'라고 조언했습니다. 그는 바로 실천에 옮겼고, 그후 '아내가 그렇게 기뻐하는 모습을 처음 보았다'라는 기쁨의 메시지를 보내왔습니다.

그런데 얼마 후 그 남성으로부터 분노의 메시지 한 통이 날아왔습니다. '마리 씨, 저는 두 번 다시 설거지를 하지 않기로 결심했습니다'라는 내용이었습니다. 어떻게 된 일인지 궁금하여 물어보았습니다. 남편은 그 이후로도 꾸준히 실천해 왔는데, 어느 날은 설거지를 끝냈다고 말했더니 아내가 싱크대를 흘끗 쳐다보고는 '왜 냄비는 안 닦았어?'라고 말했다는 것입니다. 물론 집안일을 도와준다는 해석은, 오늘날 찬반양론이 있을 수 있습니다. 하지만 지금 생각해야 할 포인트는 그 부분이 아닙니다.

우리는 누군가가 처음 무언가를 해주면 감동하여 고마움을 표현하지만, 그 행위가 몇 번 반복되다 보면 점점 감동이 사라지고 고마운 마음이 희미해져 '해주는 게 당연하다'라는 생각이 들기 마련입니다. 결국에는 해준 일보다 해주지 않은 일에 시선이 가면서, 이 아내처럼 불평과 불만을 늘어놓게 되지요. 그것도 의도치 않게, 무의식적으로 말입니다.

사람은 싫은 일은 언제까지나 기억하지만 기쁜 일이나 고마운 일은 점점 더 당연하게 여기는 경향이 있습니다. 누군가가 무언가를 해주면 고맙다며 감사의 마음을 전하는 것은 두말할 필요도 없이 중요하고, 누구나 다 신경 쓰고 있는 부분일 것입니다. 하지만 가만히 돌이켜보기를 바랍니다. 가까운 관계일수록 '이 정도는 해주는 게 당연하다'라며 고맙다고 말하지 않고 지나치고 있지는 않았나요? 평소 무의식적으로 당연하게 여겼던 일들은 결코 당연하지 않습니다. 이러한 고마움에 대해 의도적으로 마음을 표현할 수 있게 된다면 관계의 질은 크게 향상될 것입니다.

5. 창작의 감사로 시작하기

고마움을 표현하는 것은 제가 굳이 강조하지 않아도 대부분 그 중요성을 알고 있을 것입니다. 감사에는 '평가의 감사'와 '창작의 감사'가 있습니다. 평가의 감사는, 상대방이 나를 위해 감사할 만한 일을 해주었을 때 그에 감사하는 것입니다. 누구든 '그건 당연히 감사해야지'라고 생각하는 일이라고 할 수 있지요. 예를 들어 밥을 사주었다던가 당신이 부탁한 일을 해주었을 때 등입니다.

그에 반해 창작의 감사는 평소에는 당연하게 여기기 쉬운 사소한 일도 눈치채고 감사하는 것입니다. 사실 모든 일에는 감사해야 하는지 감사하지 않아야 하는지에 대한 색깔이 없습니다. 감사함을 표현하지 않아도 무례한 것은 아니지만, 그에 '고마움'이라는 색깔을 입혀서 만들어내는 것이 창작의 감사입니다.

예를 들어 제가 사는 아파트의 관리인은 항상 아파트 내부를 깨끗하게 청소해 줍니다. 물론 그것은 관리인의 일이고, 월급을 받고 있으니 당연히 해야 하는 일이지요. 그래서 감사하다고 전하지 않아도 무례하지는 않지만, 저는 관리인 분을 보면 항상 '감사합니다'라고 인사를 드리고 있습니다. 왜냐하면 정말 깨끗하게 청소해 주시는 덕분에 매일 기분 좋게 지낼 수 있기 때문입니다. 이렇게 관리인 분들에 대한 인사가 바로 창작의 감사입니다.

창작의 감사를 전할 수 있는 기회는 얼마든지 있습니다. 특히 가까운 인간관계에는 창작의 감사를 전할 기회가 가득합니다. 매일 맛있는 밥을 차려준 부모님, 집안일을 도와주는 자녀들, 매일 출근해서 일하는 남편, 따뜻하게 잠들 수 있는 보금자리, 수도꼭지를 틀면 나오는 물, 안전하게 운전해 주는 버스 운전기사, 걸어서 갈 수 있는 곳에 위치해 원하는 물건을 살 수 있는 슈퍼마켓, 친절한 점원 등……. 우리가 당연하게 여기는 일상에는 감사할 수 있는 것들이 참 많습니다.

우리 모두가 창작의 감사를 할 수 있다면 관계의 질 향상에 큰 영향을 미칠 것입니다. 그리고 이 창작의 감사가 당신의 마음가짐 레벨을 4 이상으로 끌어올려 줄 것입니다.

“사람들은 당연하다고 여기는 것들 가운데
많은 놀라움과 미지를 간과하고 있다.”

앙리 베르그송Henri Bergson

창작의 감사

'평가의 감사'와 '창작의 감사'의 차이점을 느끼기 위해 간단한 두 가지 활동을 해 봅시다.

① 지난 24시간 이내에 당신이 누군가에게 감사했던 일을 1분 동안 아래에 적어보세요. 감사하다는 생각만으로는 안 됩니다. 직접 고마움을 전한 일을 적어봅시다.

고마움을 전한 일

____

____

____

____

② 다음으로 지난 24시간 이내에 실제로 고마움을 전하지는 않았지만, 전했더라면 좋았을 법한 일을 1분 동안 써봅시다.

고마움을 전했더라면 좋았을 법한 일

②에서 적은 내용에 대한 감사가 '창작의 감사'입니다. 의도적으로 감사를 표현하면 주변 사람들과의 관계의 질은 확실하게 향상될 것입니다.

사람은 무의식적으로 생활하다 보면, 처음에는 감사했던 일도 점점 당연하게 여겨 고마움을 잊어버리기 쉽습니다. 하지만 당연하게 여기기 쉬운 일에도 의도적으로 감사하다 보면, 주변 사람들의 관심과 친절, 배려를 놓치지 않고 감사할 수 있게 됩니다. 당신의 행복도, 주변 사람들의 행복도 모두 커지겠지요.

'감사'는 말은 상대방에 대한 인정입니다. 다른 사람들은 당연하게 여겨 지나칠 수 있는 것을 당신이 고맙다고 말했을 때, 당신이 있는 곳에 그 사람의 훌륭함이 존재합니다. 그것이 창작의 감사입니다.

마음을 울리는 감사 3단계

창작의 감사를 표현해 보고자 하는 분들에게 조언해 드리고 싶습니다. 사실 '고마워'라고 감사를 전해도, 상대방의 마음에 와 닿는 감사와 그렇지 않은 감사가 있습니다.

이를 알지 못하면, 감사를 전할 생각이었어도 상대방에게 전혀 전달되지 않는 경우가 생길 수 있습니다.

상대방에게 전달되지 않는 감사는 무의식적으로 말하는 감사입니다. 예를 들어 누군가가 차를 끓여주었을 때, 다른 일을 하면서 상대방의 얼굴도 보지 않고 고맙다고 말하는, 그런 경우가 바로 전달되지 않는 감사이지요.

물론 말로는 '고마워'라고 전하고 있지만, 그 말을 들은 사람은 고마워했다고 느낄까요? 분명 그렇게 생각하지 않을 것입니다.

실제로 제가 진행하는 세미나에서도 하는 활동인데, 활동인 줄 알면서도 얼굴을 쳐다보지 않고 고맙다고 말하면 왠지 가볍게 생각하고 얕보는 듯하여 기분이 좋지 않습니다. 중요한 것은 말했는지 말하지 않았는지보다, 상대방에게 잘 전달되었는지입니다. 전달되지 않은 고마움은 말하지 않은 것과 마찬가지입니다.

이런 무의식적인 감사를 '마음을 울리는 감사'로 바꾸는 3단계를 알려드리겠습니다.

＊STEP 1 : 의도적으로 전달하기

'고마워'라고 말할 때, 얼굴과 몸의 중심을 상대에게 향하여 감사를 전합니다. 얼굴만 상대방을 향하는 것과 몸 전체가 상대방을 향하는 것은 상대방이 받아들이는 방식이 전혀 다릅니다. 의도적으로 얼굴과 몸을 모두 상대방 쪽으로 향해야 말이 잘 전달됩니다.

✳STEP 2 : 감정을 담아 전달하기

'의도적으로 전달하기'에 더해 '고마워'라는 말에 '기쁘다' '고맙다' '행복하다' 등의 감정을 크기에 맞춰서 전달합니다. 크기가 일치할 때 '고마워'라는 감정이 상대방에게 전달됩니다. 부끄러워하지 말고, 주저하지 말고 감정을 담아 전달하세요.

✳STEP 3 : 한 마디 더 덧붙이기

'고마워'라는 감사의 말에 '항상 신경 써줘서 고마워' '맛있었어. 또 먹고 싶을 정도야' 등 한 마디를 더 덧붙이는 것만으로도 상대방과의 소통으로 바뀝니다.

이 3단계는 놀라운 관계의 변화를 만들어냅니다.
중요한 것은, 상대방의 반응을 기대하지 않는 것입니다. 평소보다 더 마음을 담아 감사를 전하면 분명 상대방이 기뻐하리라고 생각했다가, 상대방이 기대와 다른 반응을 보이면 괜히 그 사람을 탓하거나 섭섭함이 들 수도 있습니다. 내가 하고 싶어서 하는 행동, 그것만으로도 충분합니다. 기꺼이 해주시기를 바랍니다.
이 활동을 실천하면서 알아두어야 하는 부분이 있습니다. 그것은

'내가 어떻게 노력하느냐에 따라 관계의 질이 달라진다'는 것입니다. 본인 하기 나름이라는 말을 머리로 이해하는 것뿐만 아니라 몸으로 체감한다면, 그것은 인생을 창작자로 살아간다는 확신으로 이어집니다. '내가 창작자다!' '나는 변화를 만들 수 있다!'라는 확신을 가지면 환경이나 상황, 다른 사람의 말에 휘둘리지 않고 흔들리지 않는 자신감으로 이어질 것입니다.

"정의는 악의 희생 위에 성립한다."

자크 데리다Jacques Derrida

인생의 창작자로 살아가기 위해 이번 장의 마지막에는 '정의'라는 개념을 다시 생각해 봅시다.

'정의'라는 말을 들으면 어떤 이미지가 떠오르나요? 히어로물에서는, 정의가 악을 물리치고 벌하는 이야기가 단골 메뉴입니다. 정의를 긍정적으로 인식하는 경우가 많은데, 세상에는 '정의'가 존재하기 위해 반드시 '악'이 존재해야 합니다.

세상의 모든 것은 상대적이므로 겉과 속이 한 쌍인 것처럼 정의와 악은 한 쌍으로 존재합니다. 어느 한 가지만 존재할 수는 없습니다. 따라서 '정의'라는 입장을 취하는 행위는 상대하는 것에 '악'이라는 딱지를 붙이는 것입니다. 이는 우리의 인간관계에서도 마찬가지입니다. 내가 옳다(정의)는 입장은 상대방에게 틀렸다(악)는 딱지를 붙이며, 그 상대는 바로잡아야 할 존재가 됩니다.

그리고 정의에는 악에 대한 분노의 힘이 있습니다. 마음가짐 레벨 지도에서도 말씀드렸듯 분노의 힘은 절대적이며, 창조와 파괴를 반복합니다. 세상의 갈등과 다툼은 정의와 악의 싸움이 아니라, 정의와 정의의 싸움입니다. 양측 모두에게, 내가 정의이고 상대방이 악입니다. 이것이 '3. 자존심'의 한계이지요. 우리가 사는 자본주의 사회는 승패를 기반으로 만들어진 세상이기 때문에, 그런 세상에서 승리하기 위해서는 강한 분노의 힘이 매우 효과적입니다.

저도 한때는 분노의 힘으로 승승장구한 적이 있습니다. 한때 업계에서 확고한 입지를 다지고 전설이라고 불리게 된 것도, 이 분노의 힘 덕분입니다. 그리고 한 번 분노의 힘으로 결과를 만들어내는 것에 맛을 들이면 더 이상 분노를 놓을 수 없습니다. 결과가 나오면 나올수록 더 많은 에너지가 필요하고, 더 많은 분노가 필요하게 되지요. 분노는 결과를 가져다주었지만, 저에게 따뜻한 관계를 가져다주지는 못했습니다. 분노의 에너지를 발산하는 제 주변에는 분노의 힘을 가진 사람들만 모여들었습니다. 저는 항상 짜증이 많았고, 아무리 승승장구해도 행복을 얻지 못했습니다.

그런 제가 여러분에게 간곡히 제안합니다. '정의'라는, 이기고 지는 경쟁의 세계에서 살아가는 삶에서 '사랑'으로 사람과 관계를 맺는 공동 가치 창조의 세계로 마음가짐을 전환해 보지 않으시겠어요?

마음가짐 레벨 7의 '사랑'은 부정적인 것에 대한 공격이 아니라 그를 녹여서 재설정하는 힘이 있습니다. 삶을 사랑으로 채우고, 사랑으로 사람과 관계 맺는 삶을 살아가기 위해 중요한 것을 다음 단계에서 알려드리겠습니다.

"분노는 자기 자신에게 상처를 입힌다."

루트비히 비트겐슈타인 Ludwig Wittgenstein

1. 'I LOVE ME'부터 시작하기

인생을 사랑으로 채우기 위한 첫 번째 단계는, 자기 자신을 사랑으로 가득 채우는 것입니다. 나를 사랑으로 채우지 않으면 사랑이 고갈되고, 그것을 채우기 위해 다른 사람에게서 빼앗으려는 생각이 작용합니다. 그러므로 우선 'I LOVE ME'부터 시작합시다.

우리는 상대를 존중하고 양보하라고 배웁니다. 하지만 그것이 지나치면 나를 소홀히 하면서까지 타인을 우선시하게 됩니다. 물론 상대방도 중요하지만, 자기 내가 몰입해 있는 상태에서는 누구도 도와줄 수 없습니다.

먼저 자기 자신을 더 좋은 상태로 만드는 것은, 상대방은 신경 쓰지 않겠다는 의미가 아니라 누군가를 돕기 위해서는 내가 먼저 좋은 상태여야만 한다는 말입니다. 내가 좋은 상태여야 비로소 주변과 좋은 관계를 맺을 수 있습니다.

그래서 '사랑'으로 사람과 관계를 맺는 단계는 다음과 같은 순서로 진행됩니다.

① I LOVE ME.　　나는 '나'를 사랑한다.

② I LOVE YOU.　　나는 '너'를 사랑한다.

③ YOU LOVE ME. **'너'는 나를 사랑한다.**

목욕에 비유하여 이야기해 봅시다. 욕조에 물을 채울 때, 일단 마개를 닫고 물을 틀지요? 욕조가 '가득 찬' 상태가 바로 내가 사랑으로 가득 찬 'I LOVE ME' 상태입니다.

욕조가 가득 차면 욕조에서 물이 넘쳐 상대방의 욕조에 부어줄 수 있습니다. 이것이 'I LOVE YOU'입니다. 그리고 상대방의 욕조에서 나의 욕조에 다시 물을 부어주는 상태가 'YOU LOVE ME'입니다. 이렇게 사랑이 순환하는 것이지요.

그런데 많은 경우, 첫 번째 단계인 'I LOVE YOU'를 하지 않을 때가 많습니다. 욕조에 마개를 닫지 않는 것이지요. 마개를 닫지 않는 상태란, 나는 안 된다며 스스로를 부정하거나 비난하는 상태입니다. '나'라는 욕조에 마개가 채워지지 않으면, 아무리 나를 칭찬하고 사랑을 쏟아부어도 사랑은 새어나갈 뿐, 쌓이지 않습니다. 스스로를 채우지 못한 상태에서는, 다른 사람에게 받으려는 마음에 느닷없이 'YOU LOVE ME'를 요구하게 됩니다. 하지만 마개가 닫혀있지 않기 때문에 아무리 사랑을 받아도 쌓이지 않고 고갈되어 더 많이 요구할 수밖에 없습니다.

'사랑'으로 시작하려면 자기 안의 사랑을 느끼는 것이 중요합니다. 자기 안에서 느끼지 못하는 것을 다른 사람에게 느낄 수 없습니다. '5. 수용'에서 말했듯 사랑은 외부로부터 주어지는 것이 아니라 자기 내면에서 창조되는 것임을 깨달아야 합니다. 그래야 다른 사람의 눈치를 보거나 타인의 평가에 휘둘리지 않을 수 있습니다.

자기 자신에 대한 사랑을 나르시시스트나 자기중심적이라고 생각하는 사람도 있을 것입니다. 예전에는 사회에 권력이 있어, 어느 조직에 소속되어 있으면 그 조직이 나를 보호해 주었습니다. 하지만 지금은 스스로 인생을 개척하는 시대입니다. '자기 일은 자기가 알아서' 하는 시대라는 것은, 'N잡러'가 특별한 것이 아닌 우리 사회 모습에서도 알 수 있습니다.

사람은 누구나 자기 자신을 알아주고, 인정해 주고, 받아들여지길 바라는 욕구가 있습니다. 또한 칭찬받고 싶고, 다른 사람보다 우위에 서고 싶고, 힘을 과시하고 싶은 의지가 있습니다. 이러한 욕구가 충족되지 않고 고갈되면 타인에게 그것을 요구하며 뜻대로 되지 않을 때 상대방을 비판하거나 불평하기도 하고, 화를 내기도 합니다. 채워지지 않은 자기 중요성에서 나온 승인 욕구는 여러 가지 고민의 원인이 되기 쉽고, 인간관계를 악화시키는 요인이 되기도 합니다. 이러한 원인은 'I LOVE ME'를 하지 않기 때문입니다. 만약 당신이 자기가 빛남으로써 주변을 빛나게 하고 싶은 마음이 있다면, 나를 사랑으로 채우는 것부터 시작해 봅시다.

"사랑이란, 사랑받는 것보다 오히려 사랑하는 데에 있다."

아리스토텔레스Aristotle

2. 완벽한 '나'를 기다리지 않기

그럼에도 '나를 사랑하기가 쉽지 않다'고 말하는 사람도 있을 것입니다. 마음 한구석에서 '나는 이것도 못 하고, 저것도 못 해' '이것만 할 수 있다면 나는 더 나아질 텐데' '이런 나를 사랑할 수 없어'라고 생각하고 있지는 않나요? '결점투성이인 지금의 나를 인정하면, 성장할 수 없다'라는 생각으로는 나를 사랑할 수 없습니다. 인간이란 어디까지나 불완전한 존재입니다. 완벽한 '나'가 되기를 기다리면 언제까지나 움직일 수 없습니다. 매력적인 사람은 의외로 허술하거나 부족한 부분이 있다고 생각하지 않나요? 완벽한 사람보다 매력적인 사람, 사랑받는 사람이 되는 것을 목표로 하는 것은 어떨까요?

그를 위해 해야 하는 일은 아주 간단합니다. 있는 그대로의 나를 받아들이는 것뿐입니다. 불완전한 나를 사랑하고, 그런 자신으로 나아가겠다고 결심해야 합니다. 불완전한 나를 '그래도 괜찮아'라고 인정하는 것은 큰 용기가 필요한 일입니다. 그러니 더욱더 나를 격려하고 응원하기를 바랍니다. 필요하다면 과거의 자신도 사랑하고, 힘을 실어주세요. 마침내 내가 나를 받아들일 때, 그동안은 알지 못했던, 내가 받아온 사랑을 깨닫게 될지도 모릅니다.

사람은 자신에게 하는 일을 상대방에게도 합니다. 나의 불완전함을 받아들이고 사랑할 수 있다면 다른 사람의 불완전함도 받아들이고 사랑할 수 있습니다. 그러면 짜증이 사라지고 관용이 생겨나며 인간관계는 새로운 단계로 나아갈 것입니다.

"사랑에 대한 두려움은
삶에 대한 두려움과 같다.
삶을 두려워하는 사람은
이미 거의 죽은 사람이나 다름없다."

버트런드 러셀Bertrand Russell

5장

나를 옭아매는
현실에서 이기는 삶
- 사회와의 관계

: 이상적인 나와 미래를 향한 힘찬 여정

"당신의 인생에 한계는 없다."

루트비히 비트겐슈타인

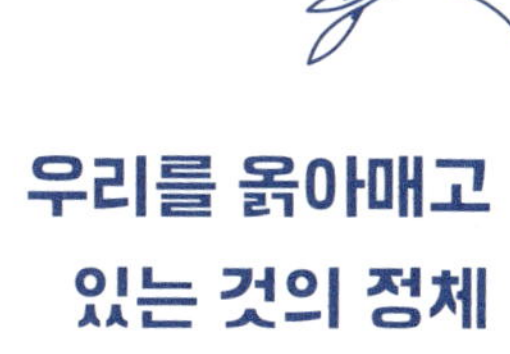

우리를 옭아매고 있는 것의 정체

아무리 마음가짐 레벨을 높이고 인생의 창작자로 살아간다고 마음을 먹어도, 무엇이 자기 인생을 결정하고 있는지 실제로 알지 못하면 아무리 노력해도 원하는 만큼의 성과를 얻을 수 없습니다.

이번 장에서는 마음가짐 레벨을 '4. 용기' 이상으로 끌어올리려고 할 때 빠지기 쉬운 함정에 관해 이야기해 보겠습니다. 이 함정에 빠지면 액셀과 브레이크를 동시에 밟고 있다는 사실을 깨닫지 못하고, 노력은 하고 있지만 앞으로 나아가지 못하는 악순환에 빠지게 됩니다.

액셀과 브레이크를 의식하고 동시에 밟는 사람은 없습니다. 대부분의 운전자는 브레이크를 무의식적으로 밟고 있습니다.

따라서 어떤 행동으로 브레이크를 밟아 자신도 모르게 관계를 악화시키는지를 이해한다면 대처할 수 있습니다.

'내 인생을 더 좋게 만들고 싶다'라는 생각에 하는 노력 중 하나가 나의 감정과 생각을 바꾸려고 하는 것입니다. 그런데 인간의 진리를 탐구하는 철학의 세계에서는 약 70년 전에 등장한 구조주의에 의해 인간의 감정과 사고는 스스로 결정하는 것이 아닌, 사회 구조에 의해 규정된다는 사실이 밝혀졌습니다. 무엇이 우리를 옭아매고 있는지 알기 위해서는 개인의 생각과 사고에 대한 탐구가 아니라 구조에 대한 접근이 필요합니다.

그렇다면 우리를 옭아매고 있는 구조는 무엇일까요? 규칙이나 법칙으로 바꾸어 생각해 보면 이해하기 쉬우므로 함께 고민해 보도록 합시다.

"사회는 우리가 자각하는 것 이상으로 구조에 의존하고 있다."

클로드 레비스트로스Claude Lévi-Strauss

제가 어렸을 때는 '5시까지 집에 돌아와' 같은 통금 규칙이 있었습니다. 친구들과 노는 것이 너무 재미있어서 집에 들어오는 시간이 약속했던 저녁 7시를 넘기면 '이 시간까지 어디 갔었어! 걱정했잖아!'라고 꾸중을 들으며 5시까지 귀가하도록 교육을 받았습니다. 다시 말해, 어린 아이였던 나는 내가 하고 싶은 일보다 가정의 규칙이 절대적이고, 규칙을 어기면 혼난다는 것을 배우게 됩니다.

그러나 사회인이 되어 4시쯤에 '죄송합니다. 집의 통금 시간이 5시라서 먼저 일어나 보겠습니다'라고 말한 적은 없습니다. 그렇게 말하면 상사는 당연히 화를 내겠지요. 즉, 가정의 규칙보다 조직의 규칙이 더 강하다는 의미입니다.

그런데 회사가 굉장한 악덕 기업이어서 근무시간은 아침 8시부터 밤 10시까지, 한 달에 3일밖에 쉬지 못하는데 야근수당도 지급하지 않는다는 터무니없는 규칙을 만들었다면, 국가가 이를 용납하지 않습니다. 즉, 개인보다 가정의 규칙이 우선되고, 가정의 규칙보다 조직의 규칙이 우선되며, 조직의 규칙보다 국가의 규칙이 더 절대적이라는 구조가 성립됩니다.

하지만 이 구조는 여기서 끝나지 않습니다. 국가보다 더 큰 힘을 가진 것이 있습니다. 바로 '시대'입니다. 지금 시대에는 어떤 이유에서든 사람을 죽이는 것은 범죄입니다. 하지만 과거에는 복수가 인정되었고 성공하면 영웅이 되는 시대도 있었습니다. 다시 말해 아래와 같은 구조가 성립하는 것이지요.

개인 < 가정 < 조직 < 국가 < 시대

우리는 인식하지 못할 수도 있지만 각각의 시대에서 옳다고 하는 것에 따라 살아가고 있습니다. 우리 삶에서는 '옳은 것'을 '상식'이라고 합니다. 사람은 '상식을 벗어났다'라고 비난받는 것이 두려워 상식을 벗어나지 않으려는 경향이 있습니다. 하지만 상식은 보편적인 것이 아닙니다. 단지 그 시대에 옳다고 여겨지는 것일뿐, 시대가 바뀌면 과거의 상식은 비상식이 됩니다.

그런 애매한 것이 상식입니다.

눈 깜짝할 새 변화하는 오늘날, 우리의 상식도 점점 달라지고 있습니다. 그런데 세상을 보면 많은 사람들이 시대에 뒤떨어진 상식에 얽매여 있는 것 같습니다. 이를 과거의 저주라고 합니다. 이 저주에 걸리면 사고의 자유를 잃어버리고 과거의 연장선상에 지금의 삶이 있기 때문에, 지금 시대에 맞는 나의 활용법을 실천할 수 없습니다. 과거의 저주에는 다음 세 가지가 있습니다.

1. 부모 · 교육의 저주

과거에는 '모두 함께 수평으로 동등하게'가 요구되고 '윗사람의 의견이 절대적으로 옳다'고 여겨지던 연공서열의 수직적 사회였습니다. '자기 마음대로 해서는 안 된다' '제멋대로 행동해서는 안 된다' '남에게 폐를 끼쳐서는 안 된다'라는 말을 들었고, 학교에서도 한 명이라도 다르게 행동하면 혼이 났습니다. 왼손잡이인 사람들은 오른손잡이로 교정하느라 힘들었다고 합니다. 모두가 똑같아야 한다, 똑같음에 가치가 있다는 사고방식의 한 사례지요.

그 시대의 상식은 '좋은 대학을 나와 대기업에 취직하면 안정적이다' '윗사람 말은 당연히 잘 들어야 한다' '여자는 주제넘게 나서면 안 된다'였습니다. 하지만 다른 사람이 하는 말을 아무 생각 없이 그대로 믿고, 시키는 대로만 하면 되는 시대는 더 이상 없습니다.

부모님이 당신이 하려는 일을 말리거나 반대하는 이유는, 부모님 시대에는 없었던 일이기에 걱정되기 때문이겠지요. 이럴 때는 화를 내거나 짜증 낼 필요가 없습니다. '아빠, 엄마, 저를 걱정해 줘서 고마워요. 하지만 제 일은 제가 스스로 결정할 수 있으니, 괜찮아요. 안심하세요'라고 말하면 됩니다.

**"사람은 선천적으로 무지하지만, 어리석지는 않다.
그들은 교육에 의해 어리석어지는 것이다."**

버트런드 러셀Bertrand Russell

2. 세간의 시선

두 번째는 '세간의 시선'이라는 이름의 저주입니다.

무언가를 하려고 생각했지만 '주변에서 뭐라고 할까?' '비상식적이라고 생각하지 않을까?' '이상한 사람으로 비치지는 않을까?'라는 생각에 망설이거나 행동을 멈춘 경험은 없었나요? 우리를 멈추게 하는 세간의 시선이란 무엇일까요? 도대체 무엇을 두려워하는 것일까요? 그 시선에는 특정할 수 있는 얼굴이 없습니다. 세상은 당신의 삶을 단 1그램도 책임지지 않습니다. 얼굴도 없고 누군지 알 수 없는 세간의 시선 때문에 나의 인생을 포기하지 맙시다. 스스로 인생의 창작자로 살아가겠다는 선택이 그 시작입니다.

"상식에 따르는 것은 개인의 독립적 사고를
포기하는 것이다."

랠프 월도 에머슨Ralph Waldo Emerson

3. 스스로 내린 저주

마지막 세 번째는 스스로 내린 저주입니다. 이것은 의외로 마지막에 등장하는 끝판왕 못지않은 강적이라고 할 수 있습니다. 예를 들어 하고 싶었던 일을 실현할 기회가 왔을 때, '이 기회를 잡으면 내가 하고 싶은 일에 한 걸음 더 다가갈 수 있다'라고 생각하면서도 '조금 더 경험을 쌓고 나서'라든지 '조금 더 공부한 뒤에' '자격증을 하나 더 따고 나서' 등 여러 가지 이유를 대며 아직은 이르다며 스스로를 억누르는 것은 내가 내린 저주에 사로잡혀 있다는 증거입니다.

예전만 해도 세상에는 사람들이 논의 끝에 정한 '정답'이 있었고, 그것을 아는 것이 성공하는 길이라고 여겨졌습니다. 하지만 모두가 지금은 불안정하고 불확실하며 정답이 없는 시대라고 합니다. 이런 시대에 정답을 찾다 보면 행동할 수 없게 됩니다. 우선 한 걸음씩 나아가면서 시행착오를 거듭하며 자신만의 정답을 만들어 가는 것이 필요합니다.

지금은 2025년입니다. '○○해야 한다' '○○이 아니면 안 된다'라는 생각이 들 때, 그것을 그대로 받아들이지 말고 '이건 시대에 뒤떨어지지 않았나?' '이걸 꼭 따라야 할 필요가 있나?'라며 상식을 의심하고 스스로 곰곰이 생각해 보기를 바랍니다. 그렇게 하면 무의식적으로 타인이나 사회가 강요하는 가치관이나 고정관념에서 벗어날 수 있습니다.

기다린다고 해서 달라지는 것은 아무것도 없으며, 시키는 일만 성실히 하면 차례가 돌아오는 시대는 끝났습니다. 우리는 재능을 발휘하면서 주변 사람들과 좋은 관계를 맺고, 나의 삶을 스스로 선택할 수 있는 멋진 시대에 살고 있습니다. 단, 이를 누

릴 수 있는 사람은 인생의 창작자로서 나의 삶에 책임을 지고
스스로 결정한 사람뿐입니다.

"자기가 자기를 자유롭게 하지 않는다."

미셸 푸코 Michel Foucault

'有'와 '無'는
동시에 존재할 수 없다

잃어버린 물건을 찾아 여기저기를 뒤져도 보이지 않아 '어쩔 수 없네'라며 포기하려는데, 우연하게 '여기에 있었네?'라며 찾던 물건을 발견한 경험이 누구나 한 번쯤은 있을 것입니다. 신기하게도 '없다'라고 생각하고 찾으면 보이지 않던 것이, 그 '없다'라는 생각을 버렸을 때 발견되는 경우가 종종 있습니다.

'있다'와 '없다'는 동시에 존재하지 않습니다. 뇌의 구조가 어떻게 되어 있는지를 모르면, 자신도 모르는 사이에 자기상실의 길로 빠져들게 됩니다.

존재하고 있어도 인식하지 않으면 '있다'라는 것을 알아차리지 못합니다. 인식하고 나서야 '있다'라고 알아차릴 수 있습니다. 반면에 '없다'라고 인식하면 있는 것도 보이지 않게 됩니다.

돈이 없고, 시간이 없고, 하고 싶은 일이 없고, 재능이 없고, 자신감이 없고, 응원해 주는 사람이 없다는 등 '~가 없다'라는 말은 우리를 무의식적으로 자기상실화하는 것입니다. '없다'에 초점을 맞추는 한, 무엇을 얻어도 '없는' 상태가 지속됩니다. 아무도 '없다'라는 안경을 끼고 세상을 바라보겠다는 사람은 없습니다. 마음가짐 레벨의 '2. 두려움'이라면 결핍과 부족에 초점을 맞추게 됩니다. 그리고 자신도 모르게 무의식적으로 '없다'라는 안경으로 세상을 바라보게 됩니다. 이 결핍의 세계에는 감사도, 존경도, 사랑도 존재하지 않습니다. '없음'의 세계에 살고 있는 상태에서는 다른 사람과 좋은 관계를 맺을 수 없습니다. 무슨 일이 일어나도 부족한 것은 자기 자신과 세상이니까요.

그렇다면 여기에서 해야 할 일은 무엇일까요? 그것은 '있다'라는 안경으로 바꿔 끼는 것, 단지 그것뿐입니다. 그러면 그동안 보이지 않던 돈, 시간, 하고 싶은 일, 재능, 자신감, 응원하는 사람이 보이게 됩니다.

제 지인 중에는 사주명리학을 공부한 사람이 있습니다. 운세 전문가이기도 한 그는 평상시 사용하는 말을 굉장히 중요하게 여깁니다. 그녀의 세 살짜리 아들이 바지를 찾다가 '엄마, 바지가 없어요'라고 말했다고 합니다. 하지만 그는 옷장 안에 바지가 있다는 것을 알고 있었지요. 그래서 아들에게 '바지가 없다'

가 아니라 '아직 찾지 못했다'라고 말하라고 했다고 합니다. '바지가 없다'는 '없다'가 전제이며, '아직 찾지 못했다'는 '있다'를 전제로 합니다.

'기회가 없다'를 갑자기 '기회가 있다'라고 바꾸기 어려울 때는 '아직 기회를 발견하지 못했다'라고 말해보는 것은 어떨까요? '없다'라는 전제에서 '있다'라는 전제로 전환할 수 있다면 그동안 보이지 않던 것이 보여올 가능성이 있습니다. 이미 내가 받고 있었지만 미처 깨닫지 못했던 응원과 지지를 발견할 수 있을지도 모릅니다.

"낙관주의자는 파란색 신호등밖에,
비관주의자는 빨간색 신호등밖에 보지 못한다.
정말 현명한 사람에게는 색이 보이지 않는다."
알베르트 슈바이처 Albert Schweitzer

잘 팔리는 상품도 계속 개선이 필요합니다. 신제품이 시간
이 지나, 또 다른 신제품을 맞이하기까지 계속된 개선이 있었다
는 사실을 우리는 모두가 알고 있죠? 하지만 인간은 그렇게 단
순하지 않습니다. 나의 잘못된 점을 찾아 개선하면 인생이 나아
진다고 생각하는 사람은, 내가 하지 않았던 일, 하지 못했던 일
에만 집중합니다. '저건 안 됐어' '또 실패했어' '나는 항상 그랬

어'라고 반성하면서 나를 더 나아지게 하려고 합니다.

이런 생각을 받아들이는 순간부터 반성이라는 이름의 자기 괴롭힘이 시작됩니다. 나를 못났다고 부정하고 있을 때는 긍정 에너지가 존재하기는 매우 어려우며, 부정하면 할수록 나를 궁지에 몰아넣어 부정 에너지로 만들어 버립니다.

본래 '반성'이란 할 수 있었던 일과 할 수 없었던 일을 객관적으로 바라보고 새로운 가능성을 발견하기 위한 행위로, 여기에 자기 부정은 필요하지 않습니다. 하지만 부정 에너지에 있을 때는 상황의 부정적인 면밖에 보이지 않습니다. 부족한 점이나 못하는 점들만 눈에 들어와 '이대로는 안 된다' '이대로는 사랑받을 수 없다'라고 해석하고, 그 해석이 망상적 현실을 만들어 냅니다. 이 망상적 현실 속에 있는 상태에서는 다른 사람과 자기강화 관계를 맺을 수 없습니다.

본인이 자기 부정하고 있다는 사실을 깨달았을 때는 '아, 내가 자기 부정을 하고 있구나'라고 그냥 받아들이는 것이 중요합니다. 그리고 자기 부정을 계속할지, 아니면 스스로에게 힘을 북돋아 주고 다음 수를 생각할지 선택하기를 바랍니다.

자기 부정에 빠진 나를 발견했을 때 '또 자기 부정을 해버렸어'라고 자책하면, 점점 악순환에 빠져들게 됩니다. 이를 전환하기 위해서는 최고의 내가 될 수 있도록 3장에서 알려드린 '본질적인 조치'를 실천하기를 바랍니다. 그렇게 하면 점차 자기 부정을 줄일 수 있습니다.

인간은 자신에게 하는 일을 다른 사람에게도 합니다. 무의식적으로 나의 잘못된 점을 부정하는 사람은 다른 사람에게서도 잘못된 점을 찾아내어 부정합니다. 그 사람을 위한다면서, 무의식적으로 말이지요. 반성이라는 이름의 자기 괴롭힘을 멈추면, 주변 사람들에 대해서도 부정적으로 바라보지 않게 되므로 관계의 질도 확실히 달라집니다.

"당신을 위해, 당신 스스로를
위대하게 만드는 것은
타인에 대한 가장 큰 봉사이다."

아인 랜드Ayn Rand

이상을 현실로 만드는
두 가지 관점

"현실과 본질을 모두 보아야 한다."

프리드리히 니체 Friedrich Nietzsche

인생의 창작자로 살아가기 시작하면, 이상과 현실의 간극이 더욱 선명하게 보입니다. 이상적인 나의 모습을 설정하고, 그것을 향해 정진하는 자세는 굉장히 훌륭합니다. 하지만 잘못된 방법으로는 자기상실에 이르게 될 수 있습니다.

이상적인 자신과 지금의 나를 비교하는 관점밖에 없으면, 아직 이루지 못한 부분과 부족한 부분만 눈에 들어오기 마련입니다. 그리고 '지금의 나로는 부족하다' '이래서는 안 된다'라고 자책하며 때로는 의욕을 잃고, 그래도 어떻게든 해야 한다고 스스로를 채찍질하며 노력하지요.

그런 상태에서도 결과는 만들 수 있을지도 모릅니다. 하지만 괴로운 일이지요. 아무리 노력해도 지나치게 비장하거나 심각하면 사람들에게 외면당하고 좋은 관계를 맺을 수 없습니다.

이를 해결하기 위해서는 '이상적인 나와 지금의 나를 비교하는' 관점 이외에 또 다른 관점을 가져야 합니다.

피겨스케이팅 선수 하누 유즈루 씨는 2014년 소치 동계올림픽에서 역대 최고 점수를 기록하며 금메달을 획득했습니다. 당시 인터뷰에서 '역대 최고 점수를 받았는데, 기분이 어떠한가?'라는 질문을 받자, 그는 '세계 최고 점수든 아니든 간에, 내 최고 점수를 기록할 수 있어서 기쁘다'라고 대답했습니다. 하지만 이어지는 '그럼 이번 연기가 이상적인 연기였다는 의미인가?'라는 질문에, 그는 '아니다, 이상과는 거리가 멀었다'라고 대답했습니다. 왜냐하면 그의 이상은 그보다 훨씬 더 높은 곳에 있었기 때문이지요. 그는 '지금 최고의 연기'와 '이상과의 간극'이라는 두 가지 관점을 가지고 있었던 것입니다.

'지금 최고가 되었는가'라는 관점은 지금의 나를 긍정할 수 있습니다. 하지만 이 관점만 있으면 목표가 없고, 사건에 휘둘려 방향을 잃거나 속도가 느려질 수 있습니다.

반대로 '이상적인 나'라는 관점만 가지고 있으면 항상 이루지 못한 자신과의 간극을 보게 되어 힘을 잃어버리기 쉽습니다. 이상적인 미래를 그리는 사람은 뜻이 높은 사람이 많고, 목표를 달성할 것 같으면 그다음에 또 다른 목표를 만듭니다. 그렇게 되면 끝이 보이지 않는 고달프고 힘든 여정이 언제까지나 계속될 수 있지요.

따라서 우리는 두 가지 관점을 모두 가지고 있어야 현재의 성과를 기뻐하고 축하하며 힘을 얻고 미래의 이상적인 나를 향한 여정을 힘차고 즐겁게 나아갈 수 있습니다.

뇌과학의 세계에 따르면, 뇌는 아래와 같은 세 가지를 구분하지 못한다고 합니다.

① 인칭
② 부정
③ 이미지와 현실

①의 '인칭'을 구분하지 못하는 것은, 예를 들어 당신이 'A씨는 일을 못하잖아'라고 말하면 뇌는 '나는 일을 못한다'라고 이해한다는 뜻입니다. 따라서 다른 사람을 나쁘게 말하면 말할수록 당신은 자기 부정을 하고 있다는 의미가 됩니다. 반대로 당

신이 다른 사람에게 좋은 말을 하면 뇌는 그것을 당신에 대한 것으로 인식합니다.

'A씨는 열심히 하고 있네'라고 말했을 때, 그것은 당신이 열심히 하고 있다는 말이 됩니다. 그리고 그 사람이 열심히 하고 있다고 알아차릴 수 있는 것은 열심히 하고 있는 사람뿐입니다.

다른 사람을 험담하면서 내가 상대보다 우위에 선 것 같아 기분이 조금 나아졌다고 하더라도, 그 말은 '남을 저주하려면 그 사람과 내가 무덤 두 개를 준비해야 한다'라는 일본 속담처럼 나를 향한 부정이 되는 것이지요.

②의 '부정'을 구분하지 못한다는 것은, 예를 들어 당신이 '실패하지 않기 위해 열심히 하겠습니다'라고 말했다면, 뇌는 '실패'에 초점을 맞추게 됩니다. 당신이 진정으로 원하는 것은 '실패하지 않는 것'이 아니라 '성공' 아닌가요? '성공한다'라고 말하지 않으면 뇌는 그것을 인식하지 못하므로, '성공할 수 있도록 열심히 하겠습니다'라고 말해야 합니다.

③의 '이미지와 현실'을 구분하지 못하는 것에 대해서는, 하버드 대학교에서 실시한 피아노 연주 이미지 트레이닝 연구를 소개합니다.

이 연구에서는 실험 참가자를 아래와 같이 세 그룹으로 나누었습니다.

① 피아노 앞에 앉아 실제로 연주하며 연습하는 그룹

(손가락을 움직여 연주한다.)

② 피아노가 없이 이미지 트레이닝만 하는 그룹

(손가락을 움직이지 않는다.)

③ 특별히 아무것도 연습하지 않는 그룹

그리고 매일 두 시간씩 5일 동안 연습을 하게 했습니다. 그 결과 그룹 ①과 그룹 ②가 비슷한 수준으로 향상되었고, 그룹 ③은 전혀 연주하지 못했다는 연구 결과가 있습니다.

이를 통해서도 이미지 트레이닝은 실제 연습만큼이나 효과적이라는 것을 알 수 있습니다.

다시 말해 잠자리에 들기 전, '아, 오늘은 그런 안 좋은 일이 있었어. 그 사람에게 그런 말을 들었어. 그때 이렇게 했더라면……'이라고 그날 있었던 안 좋은 일을 떠올리는 것은 그 일을 다시 경험하는 것과 같습니다. 이 행위는, 몇 번이고 반복해서 유사 체험을 하여 나를 자기상실로 이끕니다. 당연히 그 상태에서는 숙면할 수 없고, 아침에 일어날 때도 개운하지 않을 것입니다. 사람은 기쁜 일보다 싫은 일을 더 쉽게 기억합니다. 하루 동안 즐거운 일이 열 가지 있었다고 하더라도, 싫은 일이 하나라도 있었다면 그날은 최악의 하루라고 느끼기 쉽습니다.

기왕이면 잠자리에 들기 전, 좋았던 일을 떠올리며 행복한 마음으로 하루를 마무리합시다. 3장의 활동에서 소개한 〈하루의 끝에서 좋았던 일 세 가지 쓰기〉가 도움이 될 것입니다. 꼭 실천해 보고, 꾸준하게 이어 나가기를 바랍니다.

상대방의 의지를 꺾는
다섯 가지 요소

당신의 말 중 어떤 것이 상대방을 자기상실에 이르게 만드는 것일까요? 나는 나도 모르게 상대방의 의지를 꺾고 있지는 않나요? 그 다섯 가지 요소를 알아두면 의도치 않게 상대방에게 상처를 주는 것을 방지할 수 있습니다.

"말은 총알이 장전된 권총과 같다."

장 폴 사르트르Jean-Paul Sartre

1. 비판, 불평의 말

'말은 재앙의 근원'이라는 속담처럼 우리는 매일 사용하는 말로 상대방을 자기상실에 이르게 할 수 있습니다. 특히 무의식적으로 내뱉는 말로 말이죠. 예를 들어 상대를 비판하고 비난하고 처벌하고 위협하고 불평하며 나를 정당화하는 것은 확실히 상대방의 의욕을 떨어뜨립니다. 이러한 언행은 모두 레벨 3 이하의 '내가 옳고, 상대는 틀렸다'라는 생각이 배경에 깔린, 승자와 패자가 있는 자기상실의 관계입니다.

또한 당사자 앞에서는 말하지 않지만, 당사자가 없는 곳에서 불평이나 비판을 늘어놓는 사람이 있습니다. 말하는 사람은 '본인 앞에서 하지 않았으니 괜찮다'라고 생각할지 몰라도, 결과적으로 양심의 가책을 느끼거나 그 사람과의 관계에서 벽을 느끼게 됩니다. 앞에서 소개한 것처럼 '뇌는 인칭을 구분하지 못한다'는 점을 생각하면, 사람에 대한 비판은 결국 자기 자신에 대한 비판이 되어 나의 힘을 빼앗아 갑니다.

음지에서 하는 불평은, 사실 그 사람에게 하고 싶은 말이 있지만 직접 하지 못하기 때문에 나오는 것입니다. 그것으로 속이 조금은 후련해질지라도, 해결되는 것은 아무것도 없습니다.

그리고 음지에서 다른 사람을 비판한다면, 그것을 듣는 사람이 '뒤에서 나도 욕하겠구나'라고 생각하게 되므로 신뢰를 받기 어렵습니다. 상대방에 대한 훈계처럼 보이지만, 결국 가장 큰 상처를 입는 것은 자기 자신입니다. 말은 다른 사람이나 자신에게 상처를 주기도 하고, 힘을 주기도 합니다. 일상의 말이 다른 사람과의 관계를 만들어 갑니다. 탈무드는 인간이 입이 하나, 귀가 둘인 이유를 말하기보다 듣기를 두 배 더 하기 위함이라고 말했습니다. 우리는 그만큼 말의 중요성을 명심해야 합니다.

2. 눈앞의 보상으로 유혹하기

"사랑은 상대를 조종하는 것이 아니다."

루트비히 비트겐슈타인 Ludwig Wittgenstein

상대방을 통제하기 위해 눈앞의 보상으로 유혹하는 것도 마찬가지입니다. 왜냐하면 상대방을 '자발적으로 행동하는 사람'으로 보는 것이 아니라 '보상으로 유혹해야만 하는 사람'으로 해석하기 때문입니다.

흥미로운 점은 우리가 상대방을 '못하는 사람'이라는 생각으로 대하면, 상대방은 정말 그렇게 된다는 점입니다. 그리고 다시 '이 사람은 못한다'라는 나의 해석을 정당화하는 악순환에 빠져들게 되는 것이지요. 다른 사람과의 자기강화 인간관계는 상대방을 존중하고 존경하고 신뢰하고 격려하고 사랑으로 대할 때 형성됩니다.

3. 겸손이라는 오만

세상에는 칭찬받고 싶은 욕망이 있으면서도, 막상 칭찬을 받으면 '아휴, 그렇지 않아요'라며 겸손이라는 이름으로 거부해버리는 사람들이 있습니다. 다른 사람이 해주는 칭찬을 기쁘게 받아들이지 않는 것은, 마치 선물을 받았는데 '저는 그렇게 대단한 일을 하지 않았으니 필요하지 않아요'라고 거절하는 것과 똑같은 행위입니다.

일반적으로는 겸손을 미덕으로 여기기 때문에 '칭찬을 받고 기뻐하면 가벼워 보이거나' '칭찬을 진심으로 받아들이고 기뻐하면 우쭐해한다고 오해를 받을까' 걱정이 될 수도 있습니다.

하지만 다른 관점에서 보면 상대방의 칭찬을 사양하고 받아들이지 않는 것은 '나는 그런 사람이 아닙니다. 당신은 틀렸습니다'라고 말하는 행위이기도 합니다. 이는 겸손한 척하지만, 사실은 매우 오만한 태도가 아닐까요?

상대방의 좋은 점을 찾으려면 나의 그릇이 커야 한다고 했는데, 칭찬도 마찬가지입니다. 누군가의 칭찬은 그 사람의 그릇의 크기이며, 당신 안에 있는 보물을 알아봐 주었기 때문입니다. 누군가에게 칭찬을 받고 기뻐하는 것은 나의 좋은 점을 발견해 준 상대방에게 대한 감사의 표현이라고 생각해 보면 어떨까요?

당신이라면 '이 사람은 대단하다' '열심히 하고 있구나'라는 생각으로 상대방을 칭찬했을 때 '그렇지 않아요'라는 대답과 '감사합니다!'라며 감동한 듯 기뻐하는 반응 중 어느 쪽이 더 행복한 기분이 드나요? 아마도 후자가 아닐까요? 반응만으로 상대방을 행복하게 할 수 있다면, 주저하지 말고, 부끄러워하지 말고, 기쁨을 상대방에게 전해보도록 합시다!

4. 상대에 따라 다른 태도

**"상대의 지위에 따라 태도를 바꾸는 사람은
도덕적인 사람이 아니다."**

아리스토텔레스Aristotle

자신보다 우위에 있다고 생각하는 사람에게는 정중하게 대하지만, 아래에 있다고 생각하면 거만하게 대하는 등 상대에 따라 태도를 바꾸는 사람이 있습니다. 마음가짐 레벨 3 이하의 이기고 지는 세계에서는 돈, 지위, 명성, 인기, 매출 등의 잣대로 사람의 순위를 매기는 경향이 있습니다. 이는 '경쟁의 세계'에 살다 보면 나를 보호하기 위해 무의식적으로 하게 되는 행동이지요. 이를 통해 나의 우월감을 느낄 수 있기 때문입니다.

이러한 오만과 부정이야말로 마음가짐 레벨 '자존심'에서 그 이상의 수준으로 나아갈 때 발목을 잡는 족쇄가 됩니다. '유유상종'이라는 말처럼 자기 주변에는 비슷한 생각을 하는 사람들이 모이게 됩니다. 사람을 서열화하여 상하관계로 바라보면, 자기 주변에도 그런 사람들이 모이게 되고, 자신도 그러한 대접을 받게 되는 것은 당연합니다.

'자존심' 레벨에서는 나의 가치를 외부의 평가에 맡기고 있기 때문에 타인의 부정에 취약하고 상처받기 쉬우며, 상처받을까봐 방어적인 태도를 취하게 됩니다. 갑옷을 입고 있으면 사람들과 좋은 관계를 맺을 수 없고, 주먹을 쥐고 있으면 악수를 할 수 없습니다. 거기에서 벗어나기 위해서는 가장 먼저 나를 사랑으로 채워야 합니다. 자기가 스스로를 충족시키고 '이런 나의 모습으로도 괜찮다'라고 인정할 수 있을 때, 타인의 평가에 흔들리지 않게 됩니다.

5. 붙인 딱지에 얽매여 있다

"알고 있다고 생각하면 진보는 멈춘다."

루트비히 비트겐슈타인 Ludwig Wittgenstein

인간은 그러지 않으려고 해도 무의식적으로 상대방에 대해 '이 사람은 까다로운 사람' '이 사람은 밝은 사람' 등의 딱지를 붙입니다. 그리고 한 번 딱지를 붙이면 무슨 일이 있을 때마다

'역시 내 생각이 맞았어'라며 증거만 수집하게 되지요. 왜냐하면 인간은 쾌락을 추구하고 불쾌감을 피하는 존재이기에 '알 것 같은 느낌'으로 안도하고, 그다음에는 내가 붙인 딱지가 '옳음'을 증명해야 하기 때문입니다.

예를 들어 잘 맞지 않는 상사가 있다고 가정합시다. 동료에게 그 상사에 대한 불만을 토로했는데 동료가 '그래? 지난번에는 도움을 주셨는데. 나에게는 든든한 상사야'라고 반박한다면, 과거에 있었던 이런저런 일들을 예로 들며 내가 붙인 딱지가 얼마나 옳은지 증명하려고 할 것입니다.

일단 딱지를 한 번 붙이면 그 부분만 보이게 되고, 상대방은 당신이 붙인 딱지 대로의 사람이 됩니다. 그 외의 부분은 보려고 하지 않으니 당연합니다. 굉장히 재미있지 않나요? 일할 때는 생각이 맞지 않는 상사보다 믿을 수 있는 상사가 더 편할 텐데, 내가 붙인 딱지에 얽매여 다른 면을 보려고 하지 않습니다. 그리고 자신과 의견이 맞지 않는 사람을 멀리하고, 자신에게 동의하는 사람하고만 관계를 맺지요. 간단하게, 그게 더 편하기 때문입니다. 하지만 그렇게 하다 보면 점점 더 독선적인 세계에 갇히게 됩니다.

'나는 알고 있다, 나는 옳다'에서 새로운 가능성은 생기지 않습니다. '이 세상에 진실은 없다. 오직 해석만이 있을 뿐'이라고 한다면, 그 딱지는 진실이 아니라 해석일 뿐입니다. 그 사람에 대해 아직 모르는 것이 많을 테니, 다른 시각을 가질 수도 있습니다. 그렇다면 '나는 알고 있다, 나는 옳다'라는 생각을 조금 내려놓고, 상대를 '처음 만난 낯선 사람'이라고 생각하며 순수한 마음으로 바라보면 어떨까요?

'나는 알고 있다, 나는 옳다'라는 생각을 내려놓는 것은 '내가 틀렸을 수도 있다'라는 생각이므로 매우 용기가 필요한 일입니다. 그렇기에 더더욱 이러한 관점이 마음가짐 레벨 '3. 자존심'을 넘어 '4. 용기'로 우리를 데려다 줄 것입니다. 그렇게 함으로써 '아, 이 사람은 이런 장점이 있구나. 내가 붙인 딱지는 선입견이었을지도 몰라'라며 새로운 발견을 얻게 되고, 그것이 새로운 관계의 창작으로 이어집니다. 나의 해석이 사람과의 관계를 만들어 나가므로 인간관계를 악화시키는 해석이 아니라 힘을 불어넣는 해석을 의도적으로 선택해 나갑시다.

**"사람은 과거를 회상하기 위해
살아온 것이 아니다."**

질 들뢰즈 Gilles Deleuze

진정한 드림 킬러는
누구인가?

**"당신이 만나는 최악의 적은 언제나
당신 자신일 것이다."**

프리드리히 니체Friedrich Nietzsche

드림 킬러dream-killer라는 말을 들어본 적이 있나요? 일반적으로 '그런 건 불가능해' '그만두는 게 좋을 거야'라고 말하면서 꿈의 실현을 방해하는 사람을 의미합니다. 그런 사람들은 대부분 '당신을 위해서 하는 말이야'라고 덧붙이곤 하죠.

예를 들어 창업을 하기로 결심하면 무조건 '안 될 거야' '마음을 접는 게 좋을 거야' '그게 잘 될까?'라고 말리는 사람이 있습니다. 부모님이나 배우자 등 가까운 사람일수록 당신을 걱정하여 드림 킬러가 될 가능성이 높습니다. 악의는 전혀 없고, 정말 좋은 뜻으로 하는 말입니다.

흥미로운 점은, 부정적인 말을 하는 사람은 대개 '해보지 않은 사람'이라는 점입니다. 저는 예전에 세르비아 왕실에서 주최하는 무도회에 초대받아 다녀온 적이 있습니다. 그때 몇몇 사람들이 '그렇게 정치적으로 불안한 나라는 위험하니 가지 않는 게 좋아'라고 말하더군요. 그러나 어떤 사람은 '아름답고 멋진 나라이니 꼭 가서 즐기고 오라'고 말해주었습니다. 제가 세르비아에 가는 것을 반대했던 사람들은 세르비아에 가본 적이 없는 사람들이었습니다. 가서 즐기고 오라고 말한 사람들은 가본 적이 있는 사람들이었지요.

긍정적인 의견만을 들어야 한다는 이야기가 아닙니다. 남들이 하는 말을 그대로 받아들이지 말고, 스스로 검토하여 누구의 의견에 귀를 기울일지는 내가 결정할 수 있습니다. 주변에서 아무리 '안 된다'라고 말해도, 그것을 받아들일지 말지 결정하는 것은 바로 자기 자신입니다. 타인의 말을 검증하지 않고 받아들이는 것은 나의 인생을 남에게 맡기는 것이나 다름없습니다.

자, 여기서 질문 하나 하겠습니다.

당신에게 가장 영향력 있는 말을 한 사람은 누구였나요? 자기 대화에서 말씀드린 것처럼 당신 자신입니다. 그렇다면 진정한 드림 킬러는, 다른 누구도 아닌 바로 나 자신입니다. 사람은 무의식적으로 부정 에너지가 생기기 쉽고, 부정 에너지가 생기면 '어차피 안 될 거야' '분명 실패할 거야' 등 부정적인 이미지가 떠올라 많은 사람들이 나의 부정적인 자기 대화를 그대로 받아들여 도전을 포기하고 맙니다.

이것을 이해하면, 상대방이나 주변의 말에 휘둘릴 필요가 없습니다. 상대방이 뭐라고 하든 나의 말이 스스로에게 가장 큰 힘을 발휘하기 때문입니다. 무의식적으로 스스로 드림 킬러를 자처하지 말고, 자기강화를 이용해 좋은 상태로 만들면 됩니다. 그리고 자기강화가 실현된다면 주변 사람들에게도 자연스럽게 그렇게 행동하게 됩니다.

다른 사람의 꿈을 불가능하다거나, 안 된다거나, 그만두는 게 좋다고 말하는 사람이 아니라, 다른 사람의 꿈을 응원하는 사람이 되어 보는 것은 어떨까요? 그리고 뜻이 있는 사람들과 서로 격려하고 응원하며, 상생하는 관계를 만들어 나가기를 바랍니다.

"당신의 인생에 한계는 없다."

루트비히 비트겐슈타인 Ludwig Wittgenstein

세상은 바뀌지 않았다
다만, 내가 달라졌을 뿐이다

관점만큼 무서운 것이 있을까요? 세상을 바라보는 관점이 달라지면, 같은 사건도 다르게 경험하게 됩니다. '이것은 이렇다'라는 암묵적인 믿음이 깨지면 자연스레 이전과는 다른 시각으로 사건을 바라보게 되고, 관계의 질이 달라질 것입니다. '새로운 방식'은 일시적이고 부분적인 변화를 만들어내지만, '세상을 바라보는 새로운 방법'은 지속적이고 포괄적인 변화로 이어집니다. 여러분이 경험할, 이 사소하고도 거대한 변화에는 철학적 사고가 함께 할 것입니다.

철학자 32명의 말들과 함께 인간관계를 새로운 시각으로 탐구하는 여정은 어떠셨나요? 이 책에서 말하는 철학적 사고는 기존의 당연함을 의심하고 본질을 보는 힘을 길러줍니다. 저는 많은 사람을 만나고, 그들의 관계를 가장 가까이에서 접하면서부터 일관되게 많은 이들의 더 나은 인간관계를 위해 노력해 왔습니다. 여기에는 가족이나 연인 관계뿐만 아니라 직장이나 커뮤니티 내 관계도 포함됩니다.

인간관계의 질은 삶의 만족도와 행복감, 업무에서 만들어내는 결과와 평가에 직결된다는 것은 의심할 여지가 없습니다. 제가 바로 그 증인입니다. 내가 빛남으로써 주위를 빛나게 하는 자기강화 인간관계를 주변 사람들과 만들어 갈 수 있다면 인생에 얼마나 많은 기쁨이 넘쳐날까요? 주변 사람들과 함께 서로를 보완하면서 얼마나 많은 결과를 만들어낼 수 있을까요? 그것은 당신의 오늘에 달려 있습니다.

당신이 당신 세계의 주인공이 되려면, 이 책에서 제안한 자기강화를 계속 이어나가 보기를 바랍니다. 그것이 관계의 질, 특히 모든 것의 토대가 되는 자신과의 관계를 정돈해 나갈 것입니다. 그 결과, 소중한 사람들과의 관계 개선으로 이어지고, 그것은 당신이 사회에서 성과를 만들어내는 힘으로 이어질 것입니다.

경쟁의 관계에서 서로를 보완하는 관계가 되고 그것을 경험한 사람이 많아진다면, 우리 사회에 사랑과 기쁨, 웃음이 넘쳐

나고 그것이 철학으로 사고하는 더 나은 세계를 만들게 된다고
믿습니다.

마지막으로 지금까지 저를 응원하고 격려해 주신 모든 분께
진심을 담아 감사의 인사를 전합니다. 저는 당신의 삶, 그리고
당신 주변의 사람들, 모두의 세상을 응원하겠습니다.
대단히 감사합니다.

"지식이 깊어지면 사랑도 깊어진다."
히구치 마리

옮긴이 **오정화**

서강대학교에서 경제학과 일본문화학을 전공하고, 외식기업 기획자로 근무하다가 일본어의 매력과 번역의 즐거움을 포기할 수 없어 퇴사 후 번역가 및 출판 기획의 길을 걷고 있다. 많은 사람이 읽는 재미와 행복을 느낄 수 있는 책을 우리말로 옮기고 소개하는 것이 꿈이자 목표다. 현재 출판번역에이전시 글로하나에서 다양한 분야의 일서를 번역, 검토하며 활발히 활동하고 있다. 역서로 《지금처럼 살아도 괜찮을까?》《질문으로 시작하는 철학 입문》《세상에서 가장 쓸모 있는 철학 강의》《인생 내공 고전 수업》《돈의 뇌과학》《미라클 모먼트》《주식 투자의 기쁨》《게으른 뇌에 행동 스위치를 켜라》《미국주식 투자 입문서》《푸드테크 혁명》《억만장자의 엄청난 습관》《결국 시스템을 만드는 사람이 이긴다》 등 다수가 있다.

지금 이 순간을 살기 위한
철학자의 말

초판 1쇄 인쇄 2025년 12월 3일
초판 1쇄 발행 2025년 12월 17일

지은이 히구치 마리
발행인 김태웅
책임편집 이슬기　　　**기획편집** 이미순, 박지혜
디자인 Room501
마케팅 총괄 김철영　　　**마케팅** 서재욱, 오승수
온라인 마케팅 박예빈　　**인터넷 관리** 김상규
제작 현대순　　　　　　**총무** 윤선미, 안서현
관리 김훈희, 이국희, 김승훈, 최국호

발행처 (주)동양북스
등록 제2014-000055호
주소 서울시 마포구 동교로22길 14 (04030)
구입 문의 (02)337-1737　　**팩스** (02)334-6624
내용 문의 (02)337-1763　　**이메일** dymg98@naver.com

ISBN 979-11-7210-148-0　03190